道路材料实训

主　编　谢建武
副主编　华英杰　苗晶晶
编　者　孙　萌　梁　冰　张宏涛

哈尔滨工程大学出版社

内容简介

本书以最新的公路工程技术规范、标准、规程为依据，配合《道路材料》教材，注重实用性和针对性。本书介绍了公路和桥梁工程常用的技术性质和选用方法的实验操作方法，内容包括砂石材料、石灰和水泥、水泥混凝土、建筑砂浆、土的工程性质、无机结合稳定材料、沥青及沥青混合料、建筑钢材等材料。

本书是高职高专院校道路工程技术专业教学用书，也适用于相关专业教学或作为有关专业的继续教育和职业培训教材。

图书在版编目(CIP)数据

道路材料实训/谢建武主编. —哈尔滨:哈尔滨工程大学出版社,2011.8(2015.9 重印)
ISBN 978-7-81133-937-6

Ⅰ.①道… Ⅱ.① 谢… Ⅲ.①道路工程-工程材料-教材 Ⅳ.①U414

中国版本图书馆 CIP 数据核字(2011)第 164530 号

出版发行 哈尔滨工程大学出版社
社　　址 哈尔滨市南岗区东大直街 124 号
邮政编码 150001
发行电话 0451-82519328
传　　真 0451-82519699
经　　销 新华书店
印　　刷 肇东市一兴印刷有限公司
开　　本 787mm×960mm 1/16
印　　张 8.25
字　　数 190 千字
版　　次 2011 年 8 月第 1 版
印　　次 2015 年 9 月第 3 次印刷
定　　价 19.00 元
http://www.hrbeupress.com
E-mail:heupress@hrbeu.edu.cn

前　言

《道路材料实训》是由哈尔滨工程大学出版社组织的“十二五”交通工程系列丛书中的《道路材料》(李静娟主编)配套使用的教学用书。

本书结合高职高专路桥类专业实训教学特点,围绕道路桥梁工程技术专业培养目标,突出学生实践技能的培养,以就业为导向,以培养学生职业道德、职业能力和岗位技能、可持续发展的基础能力、提高毕业生就业竞争力为目的,以工学结合和校企合作为切入点,以突出实践教学过程中学生实际操作能力的培养,构建本实训课程体系。本书由天津交通职业学院谢建武主编,天津交通职业学院华英杰、苗晶晶担任副主编,天津交通职业学院孙萌、梁冰、张宏涛参与编写。

本书共有八章,分别介绍了公路与桥梁常用材料:砂石材料、石灰和水泥、水泥混凝土、建筑砂浆、土的工程性质、无机结合稳定材料、沥青及沥青混合料、建筑钢材等材料的技术性质和选用方法的实验操作方法。

哈尔滨工程大学出版社对本书的出版给予了极大的支持和帮助,对此我们深表感谢。另外在本书的编写过程中参考了大量相关文献,在此向这些文献的作者一并表示感谢。由于编者水平有限,书中谬误和疏漏之处在所难免,敬请读者提出宝贵意见。

编　者

2011 年 7 月

目　录

第一章　砂石材料试验

试验一　岩石单轴抗压强度试验

一、试验目的

单轴抗压强度试验是测定规则形状岩石试件单轴抗压强度的方法。

二、适用范围

本方法采用饱和状态下的岩石立方体(或圆柱体)试件的抗压强度来评定岩石强度(包括碎石或卵石的原始岩石强度),主要用于进行岩石的强度分级和岩性描述。为设计阶段的各类工程地基基础设计及施工阶段实体工程的选用提供参数和资料。

三、仪器设备

1. 压力试验机或万能试验机。
2. 钻石机、切石机、磨石机等岩石试件加工设备。
3. 烘箱、干燥器、游标卡尺、角尺及水池等。

四、试验准备

1. 建筑地基的岩石试验,采用圆柱体作为标准试件,直径为 50 ± 2 mm,高径比为 21。每组试件共 6 个。

2. 桥梁工程用的石料试验,采用立方体试件,边长为 70 ± 2 mm。每组试件共 6 个。

3. 公路工程用的石料试验,采用圆柱体或立方体试件,其直径或边长和高均为 50 ± 2 mm。每组试件共 6 个。

有显著层理的岩石,分别沿平行和垂直层理方向各取试件 6 个。试件上、下端面应平行和磨平,试件端面的平面度公差应小于 0.5 mm,端面对于试件轴线垂直度偏差不应超过 0.25 mm。

五、试验步骤

1. 用游标卡尺量取试件尺寸(精确至 0.1 mm),对立方体试件在顶面和底面上各量取其边长,以各个面上相互平行的两个边长的算术平均值计算其承压面积;对于圆柱体试件在顶面和底面分别测量两个相互正交的直径，并以其各自的算术平均值分别计算底面和顶面的面积，取其顶面和底面面积的算术平均值作为计算抗压强度所用的截面积。

2. 试件的含水状态可根据需要选用烘干状态、天然状态、饱和状态、冻融循环后状态。试件烘干和饱和状态应符合吸水性试验中相关条款的规定，试件冻融循环后状态应符合抗冻性试验中相关条款的规定。

3. 按岩石强度性质，选定合适的压力机。将试件置于压力机的承压板中央，对正上、下承压板，注意不得偏心。

4. 以0.5～1.0 MPa/s的速率进行加荷直至破坏，记录破坏荷载及加载过程中出现的现象。抗压试件试验的最大荷载记录以N为单位，精度1%。

六、试验计算结果整理

1. 岩石的抗压强度和软化系数按式(1－1)和式(1－2)计算。

$$R = \frac{P}{A} \qquad (1-1)$$

式中 R——岩石的抗压强度，MPa；

P——试件破坏时的荷载，N；

A——试件的截面积，mm^2。

$$K_p = \frac{R_w}{R_d} \qquad (1-2)$$

式中 K_p——软化系数；

R_w——岩石饱和状态下的单轴抗压强度，MPa；

R_d——岩石烘干状态下的单轴抗压强度，MPa。

2. 单轴抗压强度试验结果，应同时列出每个试件的试验值及同组岩石单轴抗压强度的平均值；有显著层理的岩石，分别列出垂直与平行层理方向的试件强度的平均值。计算精确至0.01 MPa。

软化系数计算值精确至0.01，3个试件平行测定，取算术平均值；3个值中最大与最小之差不超过平均值的20%时，取平均值作为试验结果，否则，另取4个试件，并在4个试件中取最接近的3个值的平均值作为试验结果，同时在报告中将4个值全部给出。

七、试验记录表

试验记录表如表1－1所示。

表 1-1　岩石抗压强度试验记录

试样编号	试样处理情况	试样尺寸/mm				试件截面面积/mm²	极限荷载 P/N	抗压强度/MPa	平均抗压强度/MPa
		长	宽	直径	高				
1									
2									
3									
4									
5									
6									

试验者________　计算者________　校核者________　试验日期________

注：对于非标准圆柱体试件，试验后抗压强度试验值按 $R_e = \frac{8R}{7+2D/H}$ 进行换算。

试验二　细集料筛分试验

一、试验目的

测定细集料（天然砂、人工砂、石屑）的颗粒级配及粗细程度。对水泥混凝土用细集料可采用干筛法，如果需要也可采用水洗法筛分；对沥青混合料及基层用细集料必须用水洗法筛分。

二、适用范围

本试验用于评价道路工程中所用集料的粗细程度，为水泥混凝土或沥青混凝土配合比设计提供设计依据。

三、仪器设备

1. 标准筛。
2. 天平：称量 1 000 g，感量不大于 0.5 g。
3. 摇筛机。
4. 烘箱：能将温度控制为 105 ± 5 ℃。
5. 其他：浅盘和硬、软毛刷等。

四、试验准备

根据样品中最大粒径的大小，选用适宜的标准筛，通常为 9.5 mm 筛（水泥混凝土用天然砂）或 4.75 mm（沥青路面及基层用天然砂、石屑、机制砂等）筛除其中的超粒径材料。然后将样品在潮湿状态下充分拌匀，用分料器法或四分法缩分至每分不少于 550 g 的试样两份，在 105 ±5 ℃的烘箱中烘干至恒重，冷却至室温后备用。

五、试验步骤

1. 干筛法试验步骤

(1)称取烘干试样约 500 g(m_1)，准确至 0.5 g，置于套筛的最上面一只，即 4.75 mm 筛上，将套筛装入摇筛机，摇筛约 10 min，然后取出套筛，再按筛孔大小顺序，从最大的筛号开始，在清洁的浅盘上逐个进行手筛，直到每分钟的筛出量不超过筛上剩余量的 0.1% 时为止，将筛出通过的颗粒并入下一号筛，和下一号筛中的试样一起过筛，以此顺序进行至各号筛全部筛完为止。

(2)将各筛筛余试样的质量精确至 0.5 g。所有各筛的分计筛余量和底盘中剩余量的总量与筛分前的试样总量相差不得超过后者的 1%。

2. 水洗法试验步骤

(1)称取烘干试样约 500 g(m_1)，准确至 0.5 g。

(2)将试样置一洁净容器中，加入足够的洁净水，将集料全部淹没。

(3)充分搅动集料，将集料表面洗涤干净，使细粉悬浮在水中，但不得有集料从水中溅出。

(4)取 1.18 mm 及 0.075 mm 筛组成套筛。仔细将容器中混有细粉的悬浮液徐徐倒出，经过套筛流入另一容器，但不得将集料倒出。

(5)按(2)~(4)步骤重复，直至倒出的水洁净且小于 0.075 mm 的颗粒全部倒出。

(6)将容器中的集料倒入搪瓷盆中，用少量水冲洗，使容器上黏附的集料颗粒全部进入搪瓷盆中。将筛子反扣过来，用少量的水将筛上的集料冲入搪瓷盆中。操作过程中不得有集料散失。

(7)将搪瓷盆连同集料一起置于 105 ±5 ℃烘箱中烘干至恒重，称取干燥器集料试样的总质量(m_2)，准确称量至 0.1%。m_1 与 m_2 之差即为通过 0.075 mm 筛的部分。

(8)将全部要求筛孔组成套筛(但不需 0.075 mm 筛)，将已经洗去小于 0.075 mm 部分的干燥器集料置于套筛上(通常为 4.75 mm 筛)，将套筛装入摇筛机，摇筛约 10 min，然后取出套筛，再按筛孔大小顺序，从最大的筛号开始，在清洁的浅盘上逐个进行手筛，直到每分钟的筛出量不超过筛上剩余量的 0.1% 时为止，将筛出通过的颗粒并入下一号筛，和下一号筛中的试样一起过筛，这样按顺序进行，直至各号筛全部筛完为止。

(9)称量各筛筛余试样的质量，精确至 0.5 g。所有各筛的分计筛余量和底盘中剩余量的总质量与筛分前后试样总量 m_2 的差值不得超过后者的 1%。

六、试验计算结果整理

1. 计算分计筛余百分率。各号筛的分计筛余百分率为各号筛上的筛余量除以试样总量

(m_1)的百分率,精确至0.1%。对沥青路面细集料而言,0.15 mm筛下部分即为0.075 mm的分计筛余,由上面水洗法、试验步骤中(7)测得的m_1与m_2之差即为小于0.075 mm筛的部分。

2. 计算累计筛余百分率。为该号筛及大于该号筛的各号筛的分计筛余百分率之和,准确至0.1%。

3. 计算质量通过百分率。各号筛的质量通过百分率等于100减去该号筛的累计筛余百分率,精确至0.1%。

4. 根据各筛的累计筛余百分率或通过百分率,绘制级配曲线。

5. 天然砂的细度模数按式(1-3)计算,精确至0.01。

$$M_X = \frac{A_{0.15} + A_{0.3} + A_{0.6} + A_{1.18} + A_{2.36} - 5A_{4.75}}{100 - A_{4.75}} \tag{1-3}$$

式中　M_X——砂的细度模数;

$A_{0.15}, A_{0.3} \cdots A_{4.75}$——分别为0.15 mm,0.3 mm,…,4.75 mm各筛上的累计筛余百分率,%。

6. 应进行两次平行试验,以试验结果的算术平均值作为测定值。如两次试验所得的细度模数之差大于0.2,应重新进行试验。

七、试验记录表

试验记录表如表1-2所示。

表1-2　筛分试验记录(干筛法)

试样质量/g	筛孔尺寸/mm	分计筛余质量/g			分计筛余百分率/%	累计筛余百分率/%	通过百分率/%	备注
		Ⅰ	Ⅱ	平均				
①	②	③	④	⑤	⑥=⑤/②	⑦	⑧=100-⑦	⑨
	4.75							
	2.36							
	1.18							
	0.6							
	0.3							
	0.15							
	底盘							

试验者______　计算者______　校核者______　试验日期______

注:1. 恒重系指相邻两次称量间隔时间大于3 h(通常不小于6 h)的情况下,前后两次称量之差小于该项

试验所要求的称量精密度。

2. 试样如为特细砂时,试样质量可减少到 100 g。

3. 如试样含泥量超过 5%,不宜采用干筛法。

4. 无摇筛机时,可直接用手筛。

5. 不可直接倒至 0.075 mm 筛上,以免集料掉出损坏筛面。

6. 如为含有粗集料的集料混合料,套筛筛孔根据需要选择。

试验三　细集料表观密度试验(容量瓶法)

一、试验目的

测定细集料(天然砂、石屑、机制砂)的表观相对密度和表观密度。

二、适用范围

本试验适用于含有少量大于 2.36 mm 部分的细集料,为空隙率计算和水泥混凝土及沥青混凝土配合比设计提供数据。

三、仪器设备

1. 天平:称量 1 kg,感量不大于 1 g。
2. 容量瓶:500 mL。
3. 烘箱:将温度控制为 105 ±5 ℃。
4. 烧杯:500 mL。
5. 蒸馏水。
6. 其他:干燥器、浅盘、铝制料勺、温度计等。

四、试验准备

将缩分至 650 g 左右的试样在温度为 105 ±5 ℃的烘箱中烘干至恒量,并在干燥器内冷却至室温,分成两份备用。

五、试验步骤

1. 称取烘干的试样约 300 g(m_0),装入盛有半瓶蒸馏水的容量瓶中。

2. 摇转容量瓶,使试样在已保温至 23 ±1.7 ℃的水中充分搅动以排除气泡,塞紧瓶塞,静置 24 h 左右,然后用滴管添水,使水面与瓶颈刻度线平齐,再塞紧瓶塞,擦干瓶外水分,称其总质量(m_2)。

3. 倒出瓶中的水和试样，将瓶的内外表面洗净，再向瓶内注入与上下水温相差不超过 2 ℃的蒸馏水至瓶颈刻度线，塞紧瓶塞，擦干瓶外水分，称其总质量(m_1)。

六、试验计算结果整理

1. 细集料的表观相对密度按式(1－4)计算，准确至小数点后 3 位。

$$\gamma_a = \frac{m_0}{m_0 + m_1 - m_2} \tag{1-4}$$

式中　γ_a——细集料的表观相对密度，无量纲；

m_0——试样的烘干质量，g；

m_1——水及容量瓶总质量，g；

m_2——试样、水及容量瓶总质量，g。

2. 表观密度 ρ_a 按式(1－5)计算，准确至小数点后 3 位。

$$\rho_a = \gamma_a \rho_T \text{ 或 } \rho_a = (\gamma_a - \alpha_t)\rho_w \tag{1-5}$$

式中　ρ_a——细集料的表观密度，g/cm^3；

ρ_w——水在 4 ℃时的密度值，g/cm^3；

α_t——试验时的水温对水的密度影响的修正系数，见表 1－3；

ρ_T——试验温度 T 时水的密度，按表 1－3 取用，g/cm^3。

以两次平行试验结果的算术平均值作为测定值，如两次结果之差值大于 0.01 g/cm^3 时，应重新取样进行试验。

表 1－3　不同水温时水的密度 ρ_T 及水温度修正系数 α_t

水温/℃	水的密度 ρ_T/(g/cm^3)	水温修正系数	水温/℃	水的密度 ρ_T/(g/cm^3)	水温修正系数
15	0.999 13	0.002	21	0.998 02	0.005
16	0.998 97	0.003	22	0.997 79	0.006
17	0.998 80	0.003	23	0.997 56	0.006
18	0.998 62	0.004	24	0.997 33	0.007
19	0.998 43	0.004	25	0.997 02	0.008
20	0.998 22	0.005			

七、试验记录表

试验记录表如表 1－4 所示。

表 1－4　细集料表观密度(视比重)试验记录

试验次数	试样烘干质量 m_0/g	试样、水加容量瓶的质量 m_2/g	水加容量瓶的质量 m_1/g	表观密度 ρ_a/(g/cm^3)		备注
				个别	平均	
1						
2						

试验者________　　计算者________　　校核者________　　试验日期________

注:在砂的表观密度试验过程中应测量并控制水的温度,试验的各项称量可以在 15 ℃ ~25 ℃的温度范围内进行。但从试样加水静置的最后 2 h 起直至试验结束,其温度相差不应超过 2 ℃。

试验四　细集料堆积密度及紧装密度试验

一、试验目的

测定砂自然状态下堆积密度、紧装密度及空隙率。

二、适用范围

适用于道路工程中使用的各种细集料。为水泥混凝土配合比提供设计依据。

三、仪器设备

1. 台秤:称量 5 kg,感量 5 g。
2. 容量筒:金属制,圆筒形,内径 108 mm,净高 109 mm,筒壁厚 2 mm,筒底厚 5 mm,容积约为 1 L。
3. 标准漏斗。
4. 烘箱:能将温度控制为 105 ±5 ℃。
5. 其他:小勺、直尺、浅盘等。

四、试验准备

1. 试样制备:用浅盘装来样约 5 kg,在温度为 105 ±5 ℃烘箱中烘干至恒重,取出并冷却至室温,分成大致相等的两份备用。

2. 容量筒容积的校正方法：以温度为20±5 ℃的洁净水装满容量筒，用玻璃板沿筒口滑移，使其紧贴水面，玻璃板与水面之间不得有空隙。擦干筒外壁水分，然后称量，按式(1－6)计算筒的容积 V。

$$V = m'_2 - m'_1 \tag{1-6}$$

式中　V——容量筒的容积，mL；

m'_1——容量筒和玻璃板总质量，g；

m'_2——容量筒、玻璃板和水总质量，g。

五、试验步骤

1. 堆积密度：将试样装入漏斗中，打开底部的活动门，将砂流入容量筒中，也可直接用小勺向容量筒中装试样，但漏斗出料口或料勺距容量筒筒口均应为50 mm左右，试样装满并超出量筒筒口后，用直尺将多余的试样沿筒口中心线向两个相反方向刮平，称取质量(m_1)。

2. 紧装密度：取试样1份，分两层装入容量筒。装完一层后，在筒底垫放一根直径为10 mm的钢筋，将筒按住，左右交替颠击地面各25下，然后再装入第二层。第二层装满后用同样方法颠实(但筒底所垫钢筋的方向应与第一层放置方向垂直)。两层装完并颠实后，添加试样超出容量筒筒口，然后用直尺将多余的试样沿筒口中心线向两个相反方向刮平，称其质量(m_2)。

六、试验计算结果整理

1. 堆积密度及紧装密度分别按式(1－7)和式(1－8)计算至小数点后3位。

$$\rho = \frac{m_1 - m_0}{V} \tag{1-7}$$

$$\rho' = \frac{m_2 - m_0}{V} \tag{1-8}$$

式中　ρ——砂的堆积密度，g/cm^3；

ρ'——砂的紧装密度，g/cm^3；

m_0——容量筒的质量，g；

m_1——容量筒和堆积砂的总质量，g；

m_2——容量筒和紧装砂的总质量，g；

V——容量筒容积，mL。

2. 砂的空隙率按式(1－9)计算，精确至0.1%。

$$n = \left(1 - \frac{\rho}{\rho_a}\right) \times 100 \tag{1-9}$$

式中　n——砂的空隙率，%；

ρ——砂的堆积或紧装密度，g/cm^3；

ρ_a——砂的表观密度，g/cm³。

以两次试验结果的算术平均值作为测定值。

七、试验记录表

试验记录表如表1－5、表1－6、表1－7所示。

表1－5 细集料的堆积密度试验记录

试验次数	容量筒体积 V/mL	容量筒质量 m_0/g	容量筒和堆积密度砂总质量 m_1/g	砂质量 (m_1-m_0)/g	堆积密度 ρ/(g/cm³)		备注
					个别	平均	
1							
2							

试验者________ 计算者________ 校核者________ 试验日期________

表1－6 细集料的紧装密度试验记录

试验次数	容量筒体积 V/mL	容量筒质量 m_0/g	容量筒和堆积密度砂总质量 m_1/g	砂质量 (m_2-m_0)/g	堆积密度 ρ'/(g/cm³)		备注
					个别	平均	
1							
2							

试验者________ 计算者________ 校核者________ 试验日期________

表1－7 细集料的空隙率计算

试验次数	砂的堆积(紧装)密度 $\rho(\rho')$/(g/cm³)	砂的表观密度 ρ_a/(g/cm³)	砂的空隙率 n/%	备注
1				
2				

试验者________ 计算者________ 校核者________ 试验日期________

注：试样烘干后如有结块，应在试验前先捏碎。

试验五 粗集料及集料混合料的筛分试验

一、试验目的

测定粗集料（碎石、砾石、矿渣等）的颗粒组成。对水泥混凝土用粗集料可采用干筛法筛分，对沥青混合料及基层用粗集料必须采用水洗法试验。

二、适用范围

本方法也适用于同时含有粗集料、细集料、矿粉的集料混合料筛分试验，如未筛碎石、级配碎石、天然沙砾、级配沙砾、无机结合料稳定基层材料、沥青拌合楼冷料混合料、热料仓材料、沥青混合料经溶剂抽堤后的矿料等，是水泥混凝土及沥青混凝土配合比设计的主要试验指标之一。

三、仪器设备

1. 试验筛：根据需要选用规定的标准筛。
2. 摇筛机。
3. 天平或台秤：感量不大于试样质量的0.1%。
4. 其他：盘子、铲子、毛刷等。

四、试验准备

按规定将来料用分料器或四分法缩分至表1－8要求的试样所需量，风干后备用。根据需要可按要求的集料最大粒径的筛孔尺寸过筛，除去超粒径部分颗粒后再进行筛分。

表1－8　筛分用的试样质量

公称最大粒径/mm	75	63	37.5	31.5	26.5	19	16	9.5	4.75
试样质量不少于/kg	10	8	5	4	2.5	2	2	1	0.5

五、试验步骤

1. 水泥混凝土用粗集料干筛法试验步骤

(1)取试样一份置于105±5 ℃烘箱中烘干至恒重，称取干燥集料试样的总质量（m_0），准确至0.1%。

(2)用搪瓷盘作筛分容器，按筛孔大小排列顺序逐个将集料过筛。人工筛分时，需使集料在筛面上同时有水平方向及上下方向地不停顿地运动，使小于筛孔的集料通过筛孔，直至1 min内通过筛孔的质量小于筛上残余量的0.1%为止；当采用摇筛机筛分时，应在摇筛机筛分后再逐个由人工补筛。将筛出通过的颗粒并入下一号筛，和下一号筛中的试样一起过筛，顺序进行，直至各号筛全部筛完为止。应确认1 min内通过筛孔的质量确实小于筛上残余量的0.1%。

(3)如果某个筛上的集料过多，影响筛分作业时，可以分两次筛分。当筛余颗粒的粒径大于19 mm时，筛分过程中允许用手指轻轻拨动颗粒，但不得逐颗塞过筛孔。

(4)称取每个筛上的筛余量,准确至总质量的0.1%。各筛分计筛余量及筛底存量的总和与筛分前试样的干燥总质量 m_0 相比,相差不得超过 m_0 的0.5%。

2. 沥青混合料及基层用粗集料水洗法试验步骤

(1)取一份试样,将试样置烘箱105±5 ℃中烘干至恒重,称取干燥集料试样的总质量(m_3),准确至0.1%。

(2)将试样置一洁净容器中,加入足够的洁净水,将集料全部淹没,但不得使用任何洗涤剂、分散剂或表面洗性剂。

(3)用搅棒充分搅动集料,使集料表面洗涤干净,使细粉悬浮在水中,但不得破碎集料或有集料从水中溅出。

(4)根据集料粒径大小选择组成一组套筛,其底部为0.075 mm标准筛,上部为2.36 mm或4.75 mm筛。仔细将容器中混有细粉的悬浮液倒出,经过套筛流入另一容器中,尽量不将粗集料倒出,以免损坏标准筛筛面。

(5)重复(2)~(4)步,直至倒出的水洁净为止,必要时可采用水流缓慢冲洗。

(6)将套筛每个筛子上的集料及容器中的集料全部回收在一个搪瓷盘中,容器上不得有黏附的集料颗粒。

(7)在确保细粉不散失的前提下,小心泌去搪瓷盘中的积水,将搪瓷盘连同集料一起置于105±5 ℃烘箱中烘干至恒重,称取干燥集料试样的总质量(m_4),准确至0.1%。以 m_3 与 m_4 之差作为0.075 mm的筛下部分。

(8)将回收的干燥集料按干筛方法分出0.075 mm筛以下各筛的筛余量,此时0.075 mm筛下部分应为0,如果尚能筛出,则应将其并入水洗得到的0.075 mm的筛下部分,且表示水洗得不干净。

六、试验计算结果整理

1. 干筛法筛分结果的计算

(1)计算各筛分计筛余量及筛底存量的总和与筛分前试样的干燥总质量 m_0 之差,作为筛分时的损耗(用 m_5 表示),并计算损耗率,记入表1-9之第(1)栏,若损耗率大于0.3%,应重新进行试验。

$$m_5 = m_0 - \left(\sum m_i + m_{底}\right) \tag{1-10}$$

式中 m_5——由于筛分造成的损耗,g;

m_0——用于干筛的干燥集料总质量,g;

m_i——各号筛上的分计筛余,g;

i——依次为0.075 mm,0.15 mm …至集料最大粒径的排序;

$m_{底}$——筛底(0.075 mm以下的部分)集料总质量,g。

(2)干筛分计筛余百分率

干筛后各号筛上的分计筛余百分率按式(1-11)计算,记入表1-9之第(2)栏,精确至0.1%。

$$p'_i = \frac{m_i}{m_0 - m_5} \times 100 \quad (1-11)$$

式中　p'_i——各号筛上的分计筛余百分率,%;

m_5——筛分造成的损耗,g;

m_0——用于干筛的干燥集料总量,g;

m_i——各号筛上的分计筛余,g;

i——依次为0.075 mm,0.15 mm…至集料最大粒径的排序。

(3)干筛累计筛余百分率

各号筛的累计筛余百分率为该号筛以上各号筛的分计筛余百分率之和,记入表1-9之第(3)栏,精确至0.1%。

(4)干筛各号筛的质量通过百分率

各号筛的质量通过百分率P_i等于100减去该号筛累计筛余百分率,记入表1-9之第(4)栏,精确至0.1%。

(5)由筛底存量除以扣除损耗后的干燥集料总质量计算0.075 mm筛的通过率。

(6)试验结果以两次试验的平均值表示,记入表1-9之第(5)栏,精确至0.1%。当两次试验结果$P_{0.075}$的差值超过1%时,试验应重新进行。

2. 水筛法筛分结果的计算

(1)按式(1-12)和式(1-13)计算粗集料中0.075 mm筛下的部分质量$m_{0.075}$和含量$P_{0.075}$,记入表1-10中,准确至0.1%。当两次试验结果$P_{0.075}$的差值超过1%时,试验应重新进行。

$$m_{0.075} = m_3 - m_4 \quad (1-12)$$

$$P_{0.075} = \frac{m_{0.075}}{m_3} = \frac{m_3 - m_4}{m_3} \times 100 \quad (1-13)$$

式中　$P_{0.075}$——粗集料中小于0.075 mm的含量(通过率),%;

$m_{0.075}$——粗集料中水洗得到的小于0.075 mm部分的质量,g;

m_3——用于水洗的干燥粗集料总质量,g;

m_4——水洗后的干燥粗集料总质量,g。

(2)计算各筛分计筛余量及筛底存量的总和与筛分前试样的干燥总质量m_4之差,作为筛分时的损耗,并计算损耗率记入表1-10之第(1)栏,若损耗率大于0.3%,应重新进行试验。

$$m_5 = m_3 - \left(\sum m_i + m_{0.075}\right) \quad (1-14)$$

式中　m_5——由于筛分造成的损耗,g;

m_3——用于水筛筛分的干燥集料总质量，g；

m_i——各号筛上的分计筛余，g；

i——依次为 0.075 mm，0.15 mm …至集料最大粒径的排序；

$m_{0.075}$——水洗后得到的 0.075 mm 以下部分质量，g，即（$m_3 - m_4$）。

（3）计算其他各筛的分计筛余百分率、累计筛余百分率、质量通过百分率，计算方法与干筛法相同。当干筛时筛分有损耗时，应按干筛法筛分的计算方法从总质量中扣除损耗部分，将计算结果分别记入表 1－10 之第（2）、（3）、（4）栏。

（4）试验结果以两次试验的平均值表示，记入表 1－10 之第（5）栏。筛分结果以各筛孔的质量通过百分率表示。

（5）对用于沥青混合料、基层材料配合比设计用的集料，宜绘制集料筛分曲线，其横坐标为筛孔尺寸的 0.45 次方，纵坐标为普通坐标。

（6）同一种集料至少取两个试样平行试验两次，取平均值作为每号筛上筛余量的试验结果，报告集料级配组成通过百分率及级配曲线。

七、试验记录表

试验记录表如表 1－9 和表 1－10 所示。

表 1－9　粗集料干筛法筛分记录表格

干燥试样总量 m_0（g）	第 1 组				第 2 组				平均
筛孔尺寸/mm	筛上重 m_i/g	分计筛余/%	累计筛余/%	通过百分率/%	筛上重 m_i/g	分计筛余/%	累计筛余/%	通过百分率/%	通过百分率/%
	（1）	（2）	（3）	（4）	（1）	（2）	（3）	（4）	（5）

表 1－9　（续）

干燥试样总量 m_0(g)	第1组				第2组				平均
筛孔尺寸/mm	筛上重 m_i/g	分计筛余/%	累计筛余/%	通过百分率/%	筛上重 m_i/g	分计筛余/%	累计筛余/%	通过百分率/%	通过百分率/%
	(1)	(2)	(3)	(4)	(1)	(2)	(3)	(4)	(5)
筛底 $m_{底}$									
筛分后总质量 $\sum m_i$/g									
损耗 m_5/g									
损耗率/%									

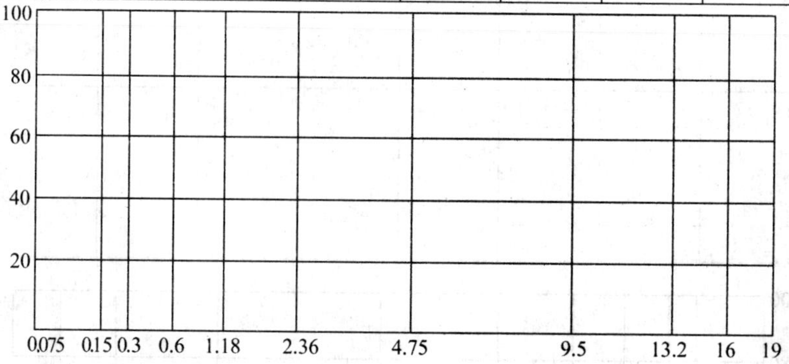

试验者________　计算者________　校核者________　试验日期________

表 1－10　粗集料水筛法筛分记录

干燥试样总量 m_3/g	第1组	第2组	平均
水洗后筛上总量 m_4/g			
水洗后 0.075 mm 筛下量 $m_{0.075}$/g			
0.075 mm 通过率 $P_{0.075}$/%			

表 1－10 （续）

筛孔尺寸/mm		筛上重 m_i/g	分计筛余/%	累计筛余/%	通过百分率/%	筛上重 m_i/g	分计筛余/%	累计筛余/%	通过百分率/%	通过百分率/%
		(1)	(2)	(3)	(4)	(1)	(2)	(3)	(4)	(5)
水洗后干筛法筛分										
	筛底 $m_{底}$									
	干筛后总量 $\sum m_i$/g									
损耗 m_5/g										
损耗率/% 扣除损耗后总量/g										

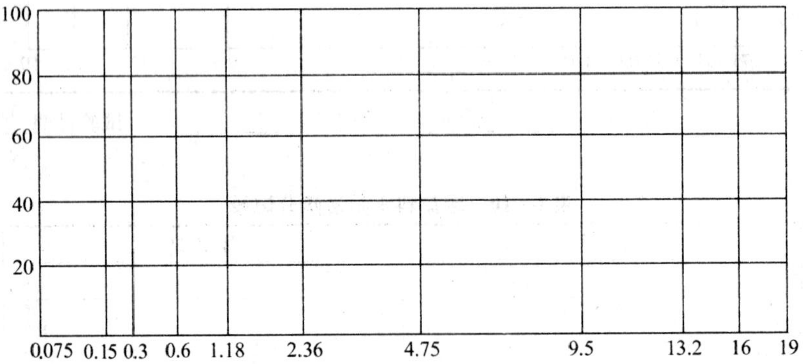

试验者________ 计算者________ 校核者________ 试验日期________

注：1. 由于0.075 mm的筛干筛几乎不能把粘在粗集料表面的小于0.075 mm部分的石料筛过去，而且对水泥混凝土用粗集料而言，0.075 mm通过率的意义不大，所以也可以不筛，且把通过0.15 mm筛的筛下部分全部作为0.075 mm的分计筛余，将粗集料的0.075 mm通过率假设为0。

2. 恒重系指相邻两次称量间隔时间大于 3 h(通常不少于 6 h)的情况下,前后两次称量之差小于该项试验所要求的称量精密度。

3. 无需将容器中的全部集料都倒出,只倒出悬浮液。且不可直接倒在 0.075 mm 筛上,以免集料掉出损坏筛面。

4. 沾在 0.075 mm 筛面上的细粉很难回收扣入搪瓷盘中,此时需将筛子倒扣在搪瓷盘上,用少量的水并助以毛刷将细粉刷落入搪瓷盘中,并注意不要散失。

5. 如筛底 $m_{底}$ 的值不是 0,应将其并入 $m_{0.075}$ 中重新计算 $P_{0.075}$。

试验六　粗集料密度及吸水率试验(网篮法)

一、试验目的

用于测定碎石、砾石等各种粗集料的表观相对密度、表干相对密度、毛体积相对密度、表观密度、表干密度、毛体积密度以及粗集料的吸水率。

二、适用范围

本方法适用于道路工程中使用的各种粗集料,作为沥青混合料配合比设计以及道路施工工程质量检验的依据。

三、仪器设备

1. 天平或浸水天平:可悬挂吊篮测定集料的水中质量,称量应满足试样数量称量要求,感量不大于最大称量的 0.05%。

2. 吊篮:耐锈蚀材料制成,直径和高度均为 150 mm 左右,四周及底部用 1 ~ 2 mm 的筛网编制或具有密集的孔眼。

3. 溢流水槽:在称量水中质量时能保持水面高度一定。

4. 烘箱:能使温度控制为 105 ±5 ℃。

5. 温度计。

6. 标准筛。

7. 盛水容器(如搪瓷盘)。

8. 其他:刷子和毛巾等。

四、试验准备

1. 将取来的试样用 4.75 mm(方孔筛)标准筛过筛,对较粗的粗集料可用 4.75 mm 筛过筛,对 2.36 ~ 4.75 mm 集料,或者混在 4.75 mm 以下石屑中的粗集料,则用 2.36 mm 标准筛过筛。用四分法或分料器法缩分至要求的质量，分两份备用。对沥青路面用粗集料，应对不同规格的集料分别测定，不得混杂，所取的每一份集料试样应基本上保持原有的级配。

2. 经缩分后供测定密度和吸水率的粗集料质量，应符合表 1-11 规定。

表 1-11　测定密度试验所需要的试样最小质量

公称最大粒径/mm	4.75	9.5	16	19	26.5	31.5	37.5	63	75
每一份试样的最小质量/kg	0.8	1	1	1	1.5	1.5	2	3	3

3. 将每一份集料试样浸泡在水中，仔细洗去附在集料表面的尘土和石粉，经多次漂洗干净至水清澈为止。清洗过程中不得散失集料颗粒。

五、试验步骤

1. 取试样一份装入干净的搪瓷盘中，注入洁净的水，水面至少应高出试样 2 cm，轻轻搅动石料，使附着在石料上的气泡逸出。在室温下保持浸水 24 h。

2. 将吊篮挂在天平的吊钩上，浸入溢流水槽中，向溢流水槽中注水，水面高度至水槽的溢流孔为止，将天平调零。吊篮的篮网应保证集料不会通过筛孔流失，对 2.36 ~ 4.75 mm 粗集料应更换小孔筛网，或在网篮中放入一浅盘。

3. 调节水温在 15 ℃ ~25 ℃范围内。将试样移入吊篮中，溢流水槽中的水面高度由水槽的溢流孔控制持不变。称取集料的水中质量（m_w）。

4. 提起吊篮，稍稍滴水后，将试样倒入浅搪瓷盘中，或直接将粗集料倒在拧干的湿毛巾上，注意不得有颗粒丢失，或有小颗粒附在吊篮上；倾斜搪瓷盘，用毛巾吸走漏出的自由水；拧干的湿毛巾轻轻擦干颗粒的表面水，至表面看不到发亮的水迹，即为饱和面干状态。当粗集料尺寸较大时，可逐颗擦干。注意拧湿毛巾时不要太用劲，防止拧得太干，擦颗粒的表面水时，既要将表面水擦掉，又不能将颗粒内部的水吸出，整个过程中不得有集料丢失。

5. 立即在保持表干状态下，称取集料的表干质量（m_f）。

6. 将集料置于浅盘中，放入 105 ±5 ℃的烘箱中烘干至恒量。取出浅盘，放在带盖的容器中冷却至室温，称取集料的烘干质量（m_a）。

7. 对同一规格的集料应平行试验两次，取平均值作为试验结果。

六、试验计算结果整理

1. 表观相对密度 γ_a、表干相对密度 γ_s、毛体积相对密度 γ_b 按式（1-15）、式（1-16）、式（1-17）计算至小数点后 3 位。

$$\gamma_a = \frac{m_a}{m_a - m_w} \tag{1-15}$$

$$\gamma_s = \frac{m_f}{m_f - m_w} \tag{1-16}$$

$$\gamma_b = \frac{m_a}{m_a - m_w} \tag{1-17}$$

式中　γ_a——集料的表观相对密度,无量纲;

γ_s——集料的表干相对密度,无量纲;

γ_b——集料的毛体积相对密度,无量纲;

m_a——集料的烘干质量,g;

m_f——集料的表干质量,g;

m_w——集料的水中的质量,g。

2. 集料的吸水率以烘干试样为基准,按式(1-18)计算,准确至0.01%。

$$\omega_x = \frac{m_f - m_a}{m_a} \times 100 \tag{1-18}$$

式中　ω_x——粗集料的吸水率/%。

3. 粗集料的表现密度(视密度)ρ_a、表干密度 ρ_s、毛体积密度 ρ_b,按式(1-19)、式(1-20)、式(1-21)计算,准确至小数点后3位。不同水温条件下测量的粗集料表观密度需进行水温修正,不同试验温度下水的密度 ρ_T 及水的温度修正系数 α_T 如表1-12所列。

$$\rho_a = \gamma_a \cdot \rho_T \text{ 或 } \rho_a = (\gamma_a - \alpha_T) \cdot \rho_w \tag{1-19}$$

$$\rho_s = \gamma_s \cdot \rho_T \text{ 或 } \rho_s = (\gamma_s - \alpha_T) \cdot \rho_w \tag{1-20}$$

$$\rho_b = \gamma_b \cdot \rho_T \text{ 或 } \rho_b = (\gamma_b - \alpha_T) \cdot \rho_w \tag{1-21}$$

式中　ρ_a——粗集料的表观密度,g/cm^3;

ρ_s——粗集料的表干密度,g/cm^3;

ρ_b——粗集料的毛体积密度,g/cm^3;

ρ_T——试验温度 T 时水的密度,按表1-12取用,g/cm^3;

α_T——试验温度 T 时的水温修正系数;

ρ_w——水在4 ℃时的密度,1.000 g/cm^3。

表1-12　不同水温时水的密度 ρ_T 及水温修正系数

水温/℃	水的密度 ρ_T/(g/cm^3)	水温修正系数	水温/℃	水的密度 ρ_T/(g/cm^3)	水温修正系数
15	0.999 13	0.002	21	0.998 02	0.005
16	0.998 79	0.003	22	0.997 79	0.006
17	0.998 80	0.003	23	0.997 56	0.006
18	0.998 62	0.004	24	0.997 33	0.007

表 1-12 （续）

水温/℃	水的密度 ρ_T/(g/cm³)	水温修正系数	水温/℃	水的密度 ρ_T/(g/cm³)	水温修正系数
19	0.998 43	0.004	25	0.997 02	0.007
20	0.998 22	0.005			

4. 精密度或允许差

重复试验的精密度，对表观相对密度、表干相对密度、毛体积相对密度，两次结果相差不得超过0.02，吸水率不得超过0.2%。

七、试验记录表

试验记录表如表 1-13 所示。

表 1-13 粗集料密度试验记录（网篮法）

试验次数	集料的烘干质量 m_a/g	集料的表干质量 m_f/g	集料的水中质量 m_w/g	集料的表观相对密度 γ_a		集料的表干相对密度 γ_s		集料的毛体积相对密度 γ_b		备注
				个别	平均	个别	平均	个别	平均	

试验者________ 计算者________ 校核者________ 试验日期________

注：恒量是指相邻两次称量间隔时间不大于 3 h 的情况下，其前后两次称量之差小于该项试验所要求的精密度，即 0.1%。一般在烘箱中烘烤的时间不得少于 4~6 h。

试验七 粗集料堆积密度及空隙率试验

一、试验目的

测定粗集料的堆积密度包括堆积状态、振实状态、捣实状态下的堆积密度以及堆积状态下的间隙率。

二、适用范围

适用于道路工程中使用的各种粗集料。为沥青混合料的配合比设计提供设计依据。

三、仪器设备

1. 天平或台秤：感量不大于称量的 0.1%。

2. 容量筒。
3. 平头铁锹。
4. 烘箱：能将温度控制为 105 ±5 ℃。
5. 振动台。
6. 捣棒：直径 16 mm，长 600 mm，一端为圆头的钢棒。

四、试验准备

按粗集料取样法取样、缩分，质量应满足试验要求，在 105 ±5 ℃的烘箱中烘干，也可以摊在清洁的地面上风干，拌匀后分成两份备用。

五、试验步骤

1. 堆积密度：取试样 1 份，置于平整干净的水泥地（或铁板）上，用平头铁锹铲起试样，使石子自由落入容量筒内，此时，从铁锹的齐口至容量筒上口的距离应保持在 50 mm 左右，装满容量筒并除去凸出筒口表面的颗粒，并以合适的颗粒填入凹陷空隙，使表面稍凸起部分和凹陷部分的体积大致相等，称取试样和容量筒总量（m_2）。

2. 振实密度：按堆积密度试验步骤，将装满试样的容量筒放在振动台上，振动 3 min。或者将试样分三层装入容量筒：装完一层后，在筒底垫放一根直径为 25 mm 的圆钢筋，将筒按住，左右交替颠击地面各 25 下；然后装入第二层，用同样的方法颠实（但筒底所垫钢筋的方向应与第一层放置方向垂直）；然后再装入第三层，如法颠实；待三层试样装填完毕后，加料直到试样超出容量筒口，用钢筋沿筒口边缘滚转，刮下高出筒口的颗粒，用合适的颗粒填平凹处，使表面稍凸起部分和凹陷部分的体积大致相等，称取试样和容量筒总质量（m_2）。

3. 捣实密度：将试样装入符合规格要求的容器中达 1/3 的高度，由边至中用捣棒均匀捣实 25 次，再向容器中装入 1/3 高度的试样，用捣棒均匀地捣实 25 次，捣实深度约至下层的表面；然后重复上一步骤，加最后一层，捣实 25 次，使集料与容器口齐平；用合适的集料填充表面的大空隙，用直尺大体刮平；目测估计表面凸起的部分与凹陷的部分的容积大致相等，称取容量筒与试样的总质量（m_2）。

4. 容量筒容积的标定：用水装满容量筒，测量水温，擦干筒外壁的水分，称取容量筒与水的总质量（m_W），并按水的密度对容量筒的容积作校正。

六、试验计算结果整理

1. 容量筒的容积按式（1－22）计算：

$$V = \frac{m_w - m_1}{\rho_T} \tag{1-22}$$

式中　V——容量筒的容积，L；

m_1——容量筒的质量，kg；

m_w——容量筒与水的总质量，kg；

ρ_T——试验温度为 T 时水的密度，kg/m³。

2. 松方密度（包括堆积状态、振实状态、捣实状态下的松方密度）按式（1－23）计算：

$$\rho = \frac{m_2 - m_1}{V} \times 1000 \tag{1-23}$$

式中 ρ——松方密度，kg/m³；

m_1——容量筒的质量，kg；

m_2——容量筒和试样总质量，kg；

V——容量筒的容积，L。

3. 水泥混凝土用粗集料的空隙率（振实状态）按式（1－24）计算：

$$V_C = \left(1 - \frac{\rho}{\rho_a}\right) \times 100 \tag{1-24}$$

式中 V_C——水泥混凝土用粗集料的空隙率，%；

ρ_a——粗集料的表观密度，kg/m³；

ρ——按振实法测定的粗集料的堆积密度，kg/m³。

4. 沥青混合料用粗集料骨架捣实状态下的间隙率按式（1－25）计算：

$$VCA_{DRC} = \left(1 - \frac{\rho}{\rho_b}\right) \times 100 \tag{1-25}$$

式中 VCA_{DRC}——捣实状态下粗集料骨架间隙率，%；

ρ_b——按粗集料密度及吸水率试验确定的粗集料的毛体积密度，kg/m³；

ρ——按捣实法测定的粗集料的松方密度，kg/m³。

七、试验记录表

试验记录表如表 1－14、表 1－15、表 1－16、表 1－17 所示。

表 1－14 粗集料的堆积密度试验记录

试验次数	容量筒体积 V/L	容量筒质量 m_1/kg	容量筒加试样的质量 m_2/kg	粗集料的质量 $m_2 - m_1$/kg	堆积密度 ρ/（kg/m³）		备注
					个别	平均	
1							
2							

试验者________ 计算者________ 校核者________ 试验日期________

表 1-15　粗集料的振实密度试验记录

试验次数	容量筒体积 V/L	容量筒质量 m_1/kg	容量筒加试样的质量 m_2/kg	粗集料的质量 m_2-m_1/kg	堆积密度 ρ/(kg/m³)		备注
					个别	平均	
1							
2							

试验者________　　计算者________　　校核者________　　试验日期________

表 1-16　粗集料的捣实密度试验记录

试验次数	容量筒体积 V/L	容量筒质量 m_1/kg	容量筒加试样的质量 m_2/kg	粗集料的质量 m_2-m_1/kg	堆积密度 ρ/(kg/m³)		备注
					个别	平均	
1							
2							

试验者________　　计算者________　　校核者________　　试验日期________

表 1-17　粗集料的空隙率计算

试验次数	粗集料的松方密度(振实状态)ρ/(kg/m³)	粗集料的表观密度 ρ_a/(kg/m³)	粗集料的空隙率 n/%	备注
1				
2				

试验者________　　计算者________　　校核者________　　试验日期________

试验八　粗集料压碎值试验

一、试验目的

集料压碎值用于衡量石料在逐渐增加的荷载下抵抗压碎的能力。

二、适用范围

适用于道路工程中使用的石料，是用来衡量石料力学性质的指标之一，从而评定其在工程中的适用性。

三、仪器设备

1. 石料压碎值试验仪：由内径 150 mm、两端开口的钢制圆形试筒、压柱和底板组成。试筒内壁、压柱的底面及底板的上表面等与石料接触的表面都应进行热处理，使表面硬化，达到维氏硬度 65°。并保持光滑状态。

2. 金属棒：直径 10 mm，长 450 ~ 600 mm，一端加工为半球形。

3. 天平：称量 2 ~ 3 kg，感量不大于 1 g。

4. 方孔筛：筛孔尺寸分别为 13.2 mm，9.5 mm，2.36 mm 的筛各一个。

5. 压力机：500 kN，应能在 10 min 内达到 400 kN。

6. 金属筒：圆柱形，内径为 112.0 mm，高 179.4 mm，容积 1 767 cm^3。

四、试验准备

1. 用 13.2 mm 和 9.5 mm 标准筛过筛，取 9.5 ~ 13.2 mm 的试样三组各 3 kg，供试验用。试样宜采用风干石料。如需加热烘干时，烘箱温度不应超过 100 ℃，烘干时间不超过 4 h。试验前，石料应冷却至室温。

2. 每次试验的石料数量应满足按下述方法夯击后石料在试筒内的深度为 10 cm。在金属筒中确定石料数量的方法如下：将石料分三层倒入量筒中，每层数量大致相同；每层都用金属棒的半球面端从石料表面上约 50 mm 的高度自由下落均匀夯击 25 次；最后用金属棒作为直刮刀将表面刮平；称取量筒中试样质量（m_0）。以相同质量的试样进行压碎值的平行试验。

五、试验步骤

1. 将试筒安放在底板上。

2. 将上面所得试样分三次（每次数量大体相同）倒入试筒中，每次均将试样表面整平，并用金属棒按上述步骤夯击 25 次，最上层表面应仔细整平。

3. 压柱放入试筒内石料面上，注意使压柱摆平，切勿楔挤试筒壁。

4. 开动压力机，均匀地施加荷载，在 10 min 左右的时间内达到总荷载 400 kN，稳压 5 s，然后卸荷。

5. 将试模从压力机上取下，取出试样。

6. 用 2.36 mm 标准筛筛分经压碎的全部试样，可分几次筛分，均需筛到在 1 min 内没有明显筛出物为止。

7. 称取通过 2.36 mm 筛孔的全部细料质量（m_1），准确至 1 g。

六、试验计算结果整理

石料的压碎值 Q_a 按式（1 -26）计算，准确至 0.1%。

$$Q_a = \frac{m_1}{m_0} \times 100 \tag{1-26}$$

式中　Q_a——石料压碎值,%；

m_0——试验前试样的质量,g；

m_1——试验后通过 2.36 mm 筛孔的细料质量,g。

以两次平行试验结果的算术平均值作为压碎值的测定值。

七、试验记录表

试验记录表如表 1-18 所示。

表 1-18　粗集料压碎值试验记录

试验次数	试样质量(g)压碎值		Q_a	
	试验前试样质量 m_0/g	试验后通过 2.36 mm 筛孔的细料质量 m_1/g	个别	平均
1				
2				

试验者________　　计算者________　　校核者________　　试验日期________

试验九　水泥混凝土用粗集料针、片状颗粒含量试验(规准仪法)

一、试验目的

测定的针、片状颗粒是指利用专用的规准仪测定的粗集料颗粒的最小厚度(或直径)方向与最大长度(或宽度)方向的尺寸之比小于一定比例的颗粒。

二、适用范围

本方法适用于测定水泥混凝土使用的 4.75 mm 以上的粗集料的针状及片状颗粒含量,以百分率计,可用于评价集料的形状及其在工程中的适用性。

三、仪器设备

1. 水泥混凝土集料针状规准仪和片状规准仪。片状规准仪的钢板基板厚度 3 mm,尺寸应符合表 1-19 的要求。

表 1-19　水泥混凝土粗集料针、片状颗粒试验的粒级划分及其相应的规准仪孔宽或间距

粒级(方孔筛)/mm	4.75～9.5	9.5～16	16～19	19～26.5	26.5～31.5	31.5～37.5
针状规准仪上相对应的立柱之间的间距宽/mm	17.1 (B_1)	30.6 (B_2)	42.0 (B_3)	54.6 (B_4)	69.6 (B_5)	82.8 (B_6)
片状规准仪上相对应的孔宽/mm	2.1 (A_1)	5.1 (A_2)	7.0 (A_3)	9.1 (A_4)	11.6 (A_5)	13.8 (A_6)

2. 天平或台秤：感量不大于称量值的 0.1%。

3. 标准筛：孔径分别为 4.75 mm，9.5 mm，16 mm，19 mm，26.5 mm，31.5 mm，37.5 mm 的方孔筛，根据需要选用。

四、试验准备

将试样在室内风干至表面干燥，并用四分法缩分至满足表 1-20 规定的质量，称量(m_0)，然后筛分成表 1-20 所规定的粒级备用。

表 1-20　针、片状试验所需的试样最小质量

公称最大粒径/mm	9.5	16	19	26.5	31.5	37.5
试样最小质量/kg	0.3	1	2	3	5	10

五、试验步骤

1. 按表 1-19 所规定的粒级用规准仪逐粒对试样进行鉴定，凡颗粒长度大于针状规准仪上相应间距者，为针状颗粒，厚度小于片状规准仪上相应孔宽者为片状颗粒。

2. 称量由各粒级挑出的针状和片状颗粒的总量 m_1。

六、试验计算结果整理

碎石或砾石中针、片状颗粒含量按式(1-27)计算，准确至 0.1%。

$$Q_e = \frac{m_1}{m_0} \times 100 \tag{1-27}$$

式中　Q_e——试样的针、片状颗粒含量，%；

m_1——试样中所含针、片状颗粒的总质量，g；

m_0——试样总质量，g。

七、试验记录表

试验记录表如表 1－21 所示。

表 1－21　粗集料针、片状颗粒含量试验记录

试样总质量/g	粒级/mm	各级筛余百分率/%	各级针状		各级片状		针、片状颗粒含量/%
			质量/g	含量/%	质量/g	含量/%	

试验者________　　计算者________　　校核者________　　试验日期________

试验十　沥青路面用粗集料针、片状颗粒含量试验(游标卡尺法)

一、试验目的

测定的针、片状颗粒是指用游标卡尺测定的粗集料颗粒的最小厚度(或直径)方向与最大长度(或宽度)方向的尺寸之比小于 1∶3 的颗粒。有特殊要求采用其他比例时,应在试验报告中注明。

二、适用范围

本方法适用于测定粗集料的针状及片状颗粒含量,以百分率计。可用于评价集料的形状和抗压碎的能力,以评定石料生产厂的生产水平及该材料在工程中的适用性。

三、仪器设备

1. 标准筛:方孔筛 4.75 mm。
2. 游标卡尺:精密度为 0.1 mm。
3. 天平:感量不大于 1 g。

四、试验准备

1. 按现行集料随机取样的方法,采集集料试样。
2. 按四分法选取 1 kg 左右的试样。对每一种规格的粗集料,应按照不同的公称粒径分别取样检验。

五、试验步骤

1. 用4.75 mm标准筛将试样过筛，取筛上部分供试验用，称取试样的总质量 m_0，准确至1 g，试样数量应不少于800 g，并不少于100颗。

2. 将试样平摊于桌面上，首先目测挑出接近立方体的颗粒，剩下可能属于针状和片状的颗粒。

3. 将欲测量的颗粒放在桌面上成一稳定的状态，平面方向的最大长度为 l，侧面厚度的最大尺寸为 t，颗粒最大宽度为 $w(t<w<l)$，用卡尺逐颗测量石料的长度 l 及 t，将 $l/t \geqslant 3$ 的颗粒（即最大长度方向与最大厚度方向的尺寸之比大于3的颗粒）分别挑出作为针、片状颗粒。称取针、片状颗粒的质量 m_1，准确至1 g。

六、试验计算结果整理

按式(1－28)计算针、片状颗粒含量。

$$Q_e = \frac{m_1}{m_0} \times 100 \tag{1-28}$$

式中 Q_e——针、片状颗粒含量，%；

m_0——试验用的集料总质量，g；

m_1——针、片状颗粒的质量，g。

试验要平行测定两次，如两次结果之差小于平均值的20%，取平均值为试验值；如大于或等于20%，应追加测定一次，取三次结果的平均值为测定值。

七、试验记录表

试验记录表如表1－22所示。

表1－22 粗集料针、片状颗粒含量试验记录

试样总质量/g	粒级/mm	各级筛余百分率/%	各级针状		各级片状		针、片状颗粒含量/%
			质量/g	含量/%	质量/g	含量/%	

试验者________ 计算者________ 校核者________ 试验日期________

第二章　石灰和水泥试验

试验一　石灰有效氧化钙的测定

一、试验目的

测定石灰的有效氧化钙含量。

二、适用范围

适用于各种路用石灰，是评价各种路用石灰的工程性能，路面基层材料配合比设计、施工检测中主要的技术指标之一。

三、仪器设备

1. 筛子:0.15 mm,1 个。
2. 烘箱:50 ℃ ~250 ℃,1 台。
3. 干燥器:ϕ25 cm,1 个。
4. 称量瓶:ϕ30 mm × 50 mm,10 个。
5. 瓷研钵:ϕ12 ~ ϕ13 mm,1 个。
6. 分析天平:万分之一天平,1 台。
7. 架盘天平:感量 0.1g,1 台。
8. 玻璃珠:ϕ3 mm,1 袋(0.25 kg)。
9. 具塞三角瓶:250 mL,20 个。
10. 量筒:200 mL,100 mL,50 mL, 5 mL,各 1 个。
11. 酸滴定管:50 mL,2 支。
12. 滴定台及滴定管夹各一套。
13. 蔗糖(分析纯)。
14. 酚酞指示剂:称取 0.5 g 酚酞溶于 50 mL 95% 乙醇中。
15. 0.1% 甲基橙水溶液:称取 0.05 g 甲基橙溶液于 50 mL 蒸馏水中。
16. 0.5 N 盐酸标准溶液:将 42 mL 浓盐酸(相对密度 1.19)稀释至 1 L,按下述方法标定其当量浓度后备用。

称取约0.800～1.000 g(准确至0.000 2 g)已在180 ℃烘干2 h的碳酸钠,置于250 mL三角瓶中,加入100 mL水使其完全溶解;然后加入2～3滴0.1%甲基橙指示剂,用待标定的盐酸标准溶液滴定,至碳酸钠溶液由黄色变为橙红色;将溶液加热至沸,并保持微沸3 min,然后在冷水中冷却至室温,如此时橙红色变为黄色,则再用盐酸标准溶液滴定,直至溶液出现稳定橙红色时为止。

盐酸标准溶液的准确当量浓度按式(2-1)计算:

$$N = \frac{Q}{V \times 0.053} \tag{2-1}$$

式中 N——盐酸标准溶液的当量浓度;

Q——称取碳酸钠的质量,g;

V——滴定时消耗盐酸标准溶液的体积,mL;

0.053——无水碳酸钠的毫克当量。

四、试验准备

1. 生石灰试样:将生石灰样品打碎,使颗粒不大于2 mm。拌和均匀后用四分法缩减至200 g左右,放入瓷研钵中研细。再经四分法缩减几次至剩下20 g左右。将研磨所得石灰样品通过0.10 mm筛。从此试样中均匀挑取10余克,置于称量瓶中在100 ℃烘干1 h,贮于干燥器中,供试验用。

2. 消石灰试样:将消石灰样品用四分法缩减至10余克左右。如有大颗粒存在须在瓷研钵中磨细至无不均匀颗粒存在为止。置于称量瓶中在105 ℃～110 ℃烘干1 h,贮于干燥器中,供试验用。

五、试验步骤

1. 称取试样约0.5 g(用减量法称准至0.000 5 g),放入干燥的250 mL具塞三角瓶中,取5 g蔗糖覆盖在试样表面,投入干玻璃珠15粒。迅速加入新煮沸并已冷却的蒸馏水50 mL,立即加塞振荡15 min(如有试样结块或粘于瓶壁现象,则应重新取样)。

2. 打开瓶塞,用水冲洗瓶塞及瓶壁,加入2～3滴酚酞指示剂,以0.5 N盐酸标准溶液滴定(滴定速度以每秒2～3滴为宜),至溶液的粉红色显著消失并在30 s内不再复现即为终点。

六、试验计算结果整理

有效氧化钙的百分含量按式(2-2)计算:

$$W_{CaO} = \frac{V \times N \times 0.028}{G} \times 100 \tag{2-2}$$

式中 V——滴定时消耗盐酸标准溶液的体积,mL;

N——盐酸标准溶液当量浓度；

0.028——氧化钙毫克当量；

G——试样质量，g。

对于一石灰样品应取两个试样分别进行测定，并取两次结果的平均值代表最终结果。

七、试验记录表

试验记录表如表2－1所示。

表2－1　石灰有效氧化钙的测定试验记录

试验次数	称量瓶号	空瓶质量/g	瓶＋试样质量/g	试样质量/g	盐酸当量浓度/%	消耗盐酸体积/mL	石灰中有效氧化钙含量/%	
							个别	平均
1								
2								

试验者________　计算者________　校核者________　试验日期________

试验二　石灰有效氧化镁的测定

一、试验目的

测定石灰的有效氧化镁含量。

二、适用范围

适用于各种路用石灰的测定，是评价各种路用石灰的工程性能，路面基层材料配合比设计、施工检测中主要的技术指标之一。

三、仪器设备

1. 电炉：1 500 W，1个。
2. 石棉网：20 cm×20 cm，一块。
3. 三角瓶：300 mL，10个。
4. 容量瓶：250 mL，1 000 mL，各1个。
5. 量筒：200 mL，100 mL，50 mL，5 mL，各1个。
6. 试剂瓶：250 mL，1 000 mL，各5个。
7. 烧杯：50 mL，5个，250 mL(或300 mL)10个。

8. 棕色广口瓶:60 mL,4 个;250 mL,5 个。

9. 大肚移液管:25 mL,50 mL,各 1 支。

10. 表面皿:7 cm,10 块。

11. 洗耳球:大、小各 1 个。

12. 试剂勺:5 个。

13. 玻璃棒:8 mm×250 mm 及 4 mm×180 mm,各 10 支。

14. 吸水管:8 mm×150 mm,5 支。

15. 其余同有效氧化钙的测定所用仪器。

四、试验准备

1. 试剂

(1)1:10 盐酸:将 1 体积盐酸(相对密度 1.19)以 10 体积蒸馏水稀释。

(2)氢氧化铵—氯化铵缓冲溶液(pH=10):将 67.5 g 氯化铵溶于 300 mL 无二氧化碳蒸馏水中,加入浓氢氧化铵(相对密度为 0.90) 570 mL,然后用水稀释至 1 000 mL。

(3)酸性铬兰 K-萘酚绿 B(1:2.5)混合指示剂:称取 0.3 g 酸性铬兰 K 和 0.75 g 萘酚绿 B 与 50 g 已在 105 ℃烘干的硝酸钾混合研细,保存于棕色广口瓶中。

(4)EDTA 二钠标准溶液:将 10 g EDTA 二钠溶于温热蒸馏水中,待全部溶解并冷却至室温后,用水稀释至 1 000 mL。

(5)氧化钙标准溶液:精确称取 1.784 8 g 在 105 ℃烘干(2 h)的碳酸钙(优质纯),置于 250 mL 烧杯中,盖上表面皿,从杯嘴缓慢滴入 1:10 盐酸 100 mL,加热溶解,待溶液冷却后,移入 1 000 mL 的容量瓶中,用新煮沸冷却后的蒸馏水稀释至刻度线处摇匀。此溶液每毫升相当于1 mg氧化钙。

(6)20% 氢氧化钠溶液:将 20 g 氢氧化钠溶于 80 mL 蒸馏水中。

(7)钙指示剂:将 0.2 g 钙试剂经羟酸钠和 20 g 已在 105 ℃烘干的硫酸钾混合研细,保存于棕色广口瓶中。

(8)10% 酒石酸钾钠溶液:将 10 g 酒石酸钾钠溶于 90 mL 蒸馏水中。

(9)三乙醇胺(1:2)溶液:将 1 体积三乙醇胺以 2 体积蒸馏水稀释摇匀。

2. EDTA 标准溶液与氧化钙和氧化镁关系的标定

(1)精确吸取 50 mL 氧化钙标准溶液放入 300 mL 三角瓶中,用水稀释至 100 mL 左右,然后加入钙指示剂约 0.1 g,以 20% 氢氧化钠溶液调整溶液碱度至出现酒红色,再过量加 3 ~ 4 mL。

(2)以 EDTA 二钠标准液滴定,直至溶液由酒红色变为纯蓝色为止,记录 EDTA 二钠消耗量。

EDTA 二钠标准溶液对氧化钙滴定度(T_{CaO}),按式(2-3)计算:

$$T_{CaO} = C \times \frac{V_1}{V_2} \qquad (2-3)$$

式中　T_{CaO}——EDTA 标准溶液对氧化钙的滴定度，即 1 mL EDTA 二钠标准溶液相当于氧化钙的毫克数；

C——1 mL 氧化钙标准溶液含有氧化钙的毫克数，等于 1；

V_1——吸取氧化钙标准溶液体积（mL）；

V_2——消耗 EDTA 标准溶液体积（mL）。

EDTA 二钠标准溶液以氧化镁的滴定度（T_{MgO}）即 1 mL EDTA 二钠标准溶液相当于氧化镁的毫克数按式（2－4）计算：

$$T_{MgO} = T_{CaO} \times \frac{40.31}{56.08} = 0.72T_{CaO} \qquad (2-4)$$

五、试验步骤

1. 用称量瓶称取约 0.5 g（准确至 0.000 5）试样放入 250 mL 烧杯中，用蒸馏水湿润，加 30 mL 1∶10 盐酸，用表面皿盖住烧杯，加热近沸并保持微沸 8～10 min。用水洗净表面皿，冷却后把烧杯内的沉淀及溶液移入 250 mL 容量瓶中，加水至刻度线处摇匀。

2. 待溶液沉淀后，用移液管吸取 25 mL 溶液，放入 250 mL 三角瓶中，加 50 mL 水稀释后，加酒石酸钾钠溶液 1 mL、三乙醇胺溶液 5 mL，再加入铵—铵缓冲溶液 10 mL、酸性铬兰 K－萘酚绿 B 指示剂约 0.1 g，此时溶液呈酒红色。再用 EDTA 二钠标准溶液滴定至溶液由酒红色变为纯蓝色时即为终点，记下耗用 EDTA 二钠标准溶液体积 V_1。

3. 从前述同一容量瓶中，用移液管吸取 25 mL 溶液，置于 300 mL 三角瓶中，加 150 mL水稀释后，依次加入三乙醇胺溶液 5 mL 及 20% 氢氧化钠溶液 5 mL，放入约 0.1 g 钙指示剂。

此时溶液呈酒红色。用 EDTA 二钠标准溶液滴定，直至溶液由酒红色变为纯蓝色即为终点，记下耗用 EDTA 二钠标准溶液体积 V_2。

六、试验计算结果整理

氧化镁的百分含量按式（2－5）计算：

$$T_{MgO} = \frac{T_{MgO}(V_1 - V_2) \times 10}{G \times 1000} \times 100 \qquad (2-5)$$

式中　T_{MgO}——EDTA 二钠标准溶液对氧化镁的滴定度；

V_1——滴定钙、镁含量消耗 EDTA 二钠标准溶液体积，mL；

V_2——滴定钙消耗 EDTA 二钠标准溶液体积，mL；

10——总溶液对分取溶液的体积倍数；

G——试样质量,g。

对同一石灰样品应做两个试样分别进行测定。取两次测定结果的平均值作为最终结果。

七、试验记录表

试验记录表如表 2-2 所示。

表 2-2 石灰有效氧化镁的测定试验记录

试验次数	称量瓶号	空瓶质量/g	瓶+试样质量/g	试样质量/g	EDTA 二钠标准溶液对 MgO 的滴定度 T_{MgO}	滴定钙、镁含量消耗的 EDTA 体积/mL	滴定钙含量消耗的 EDTA 体积/mL	石灰中有效氧化钙含量/%	
								个别	平均
1									
2									

试验者________ 计算者________ 校核者________ 试验日期________

试验三 水泥细度试验

一、试验目的

用 80 μm 方孔筛检验水泥细度。

二、适用范围

适用于普通水泥、硅酸盐水泥、矿渣水泥、火山灰质硅酸盐水泥、粉煤灰水泥,评价水泥混凝土工程水泥的物理性能。

三、仪器设备

1. 负压筛:负压筛由圆形筛框和筛网组成,筛网为金属丝编织方孔筛,方孔边长 80 μm,负压筛应附有透明筛盖,筛盖与筛上口应有良好的密封性。筛网应紧绷在筛框上,筛网和筛框接触处应用防水胶密封,防止水泥嵌入。

2. 负压筛析仪:负压筛析仪由筛座、负压筛、负压源及收尘器组成,其中筛座由转速为

(30 ±2 r)/min的喷气嘴、负压表、控制板、微电机及壳体等部分构成。

3. 负压源和收尘器：由功率 600 W 的工业吸尘器和小型旋风收尘筒或由其他具有相当功能的设备组成。

4. 标准筛：采用方孔边长 80 μm 金属丝网筛布，筛框有效直径 125 mm，高 80 mm。筛布应紧绷在筛框上，接缝处应用防水胶密封。

5. 水筛架：用于支撑筛子，并带动筛子转动，转速约 50 r/min。

6. 喷头：直径 55 mm，面上均匀分布 90 个孔，孔径为 0.5 ~0.7 mm。安装高度以离筛布 50 mm 为宜。

7. 天平：最大称量 100 g，分度值不大于 0.05 g。

四、试验准备

水泥样品应充分拌匀，通过 0.9 mm 方孔筛，记录筛余物情况，要防止过筛时混进其他水泥。

五、试验步骤

1. 负压筛法

(1)筛析试验前，应把负压筛放在筛座上，盖上筛盖，接通电源，检查控制系统，调节负压至 4 000 ~6 000 Pa 范围内。

(2)称取试样 25 g，置于洁净的负压筛中，盖上筛盖，放在筛座上，开动筛析仪连续筛析 2 min，在此期间如有试样附着在筛盖上，可轻轻地敲击，使试样落下；筛毕，用天平称取筛余物。

2. 水筛法

(1)筛析试验前，应检查水中无泥、砂，调整好水压及水筛架的位置，使其能正常运转，喷头底面和筛网之间距离为 35 ~75 mm。

(2)称取试样 50 g，置于洁净的水筛中，立即用淡水冲洗至大部分细粉通过后，放在水筛架上，用水压为 0.05 ±0.02 MPa 的喷头连续冲洗 3 min。筛毕，用少量水把筛余物冲至蒸发皿中，等水泥颗粒全部沉淀后，小心倒出清水，烘干并用天平称量筛余物。

六、试验计算结果整理

水泥试样筛余百分数 F 按式(2 -6)计算。

$$F = \frac{R_S}{m} \times 100 \qquad (2-6)$$

式中　F——水泥试样的筛余百分数，结果计算至 0.1%/%；

R_S——水泥筛余物的质量，g；

m——水泥试样的质量，g。

七、试验记录表

试验记录表如表 2－3 所示。

表 2－3　水泥细度测定记录表

试样名称		材料产地	
试验次数	筛析用试样质量 m/g	在 80 μm 筛上筛余物质量 m_0/g	筛余百分数 F/%
①	②	③	④ = ③/②
1			
2			
备注			

试验者________　计算者________　校核者________　试验日期________

注：1. 试验筛必须保持清洁，筛孔通畅，使用 10 次后要进行清洗。

2. 负压筛法与水筛法测定结果发生争议时，以负压筛法为准。

试验四　水泥标准稠度用水量试验

一、试验目的

测定水泥净浆达到标准稠度时所需的拌和水量。

二、适用范围

适用于普通硅酸盐水泥、硅酸盐水泥、矿渣硅酸盐水泥、火山灰质硅酸盐水泥、粉煤灰硅酸盐水泥，道路硅酸盐水泥等，用以评价水泥混凝土工程水泥的物理性能。

三、仪器设备

1. 标准法维卡仪：标准稠度测定用试杆有效长度为 50 ± 1 mm，由直径为 $\phi 10 \pm 0.05$ mm 圆柱形耐腐蚀金属制成。

盛装水泥净浆的试模应由耐腐蚀的、有足够硬度的金属制成。试模为深 40 ± 0.2 mm、顶内径 $\phi 65 \pm 0.5$ mm、底内径 $\phi 5 \pm 0.5$ mm 的截顶圆锥体。每只试模应配备一个大于试模、厚度大于等于 2.5 mm 的平板玻璃底板。

2. 水泥净浆标准稠度与凝结时间测定仪：该仪器由铁座与可以自由滑动的金属圆棒构成，用松紧螺丝调整金属棒的高低。金属棒上附有指针，利用量程为 0 ~ 75 mm 的标尺指示金属棒的下降距离。

3. 净浆搅拌机。

4. 湿气养护箱：应使温度控制在20±1 ℃，相对湿度大于90%。

5. 天平：称量精确至1 g。

6. 量水器：最小刻度为0.1 mL，精度1%。

四、试验准备

1. 检查搅拌机是否运行正常。

2. 用水泥净浆搅拌机搅拌，搅拌锅和搅拌叶片先用湿布擦过，将拌和水倒入搅拌锅内；然后在5～10 s内小心将称好的500 g水泥加入水中，防止水和水泥溅出；拌和时，先将锅放在搅拌机的锅座上，升至搅拌位置，启动搅拌机，低速搅拌120 s，停15 s，同进将叶片和锅壁上的水泥浆刮入锅中间，接着高速搅拌120 s停机。

五、试验步骤

1. 标准法

(1)检查维卡仪的金属棒能否自由滑动，试杆接触玻璃板时将指针对准零点。

(2)将拌制好的水泥净浆装入已置于玻璃底板上的试模中，用小刀插捣，轻轻振动数次，刮去多余的净浆；抹平后迅速将试模和底板移到维卡仪上，并将其中心定在试杆下，降低试杆直至与水泥净浆表面接触，拧紧螺丝1～2 s后，突然放松，使试杆垂直自由沉入水泥净浆中；在试杆停止沉入或释放试杆30 s时，记录试杆距底板之间的距离，升起试杆后，立即擦净。整个操作应在搅拌后1.5 min内完成，以试杆沉入净浆并距底板6±1 mm的水泥净浆为标准稠度净浆，其拌和水量为该水泥的标准稠度用水量(P)，按水泥质量的百分比计。

2. 代用法

(1)检查测定仪的金属棒能否自由滑动，试锥降至锥模顶面位置时将指针对准标尺零点。

(2)测定水泥标准稠度用水量可用调整水量和不变水量两种方法的任意一种测定。采用调整水量方法时拌和水量按经验拌合水，采用不变水量方法时拌和水量用142.5 mL。

(3)拌和结束后，立即将拌制好的水泥净浆装入锥模中，用小刀插捣，轻轻振动数次，刮去多余的净浆；抹平后迅速放到试锥下面固定的位置上，将试锥降至净浆表面，拧紧螺丝1 s～2 s后，突然放松，让试锥垂直自由地沉入水泥净浆中；到试锥停止下沉或释放试锥30 s时记录试锥下沉深度。整个操作应在搅拌后1.5 min内完成。

(4)用调整水量方法测定时，以试锥下沉深度28±2 mm时的净浆为标准稠度净浆，其拌和水量为该水泥的标准稠度用水量(P)，按水泥质量的百分比计。如下沉深度超出范围需另称试样，调整水量，重新试验，直至达到28±2 mm为止。

(5)用不变水量方法测定时,根据测得的试锥下沉深度 S(mm)按式(2-7)(或仪器上对应标尺)计算得到标准稠度用水量 P(%)。

$$P = 33.4 - 0.185S \quad (2-7)$$

当试锥下沉深度小于13 mm时,应改用调整水量法测定。

六、试验记录表

试验记录表如表2-4所示。

表2-4 水泥标准稠度用水量试验记录表

试样名称		材料产地	
试验次数	试锥下沉深度 S		标准稠度用水量
1			
2			
备注			

试验者________ 计算者________ 校核者________ 试验日期________

注:负压筛法与水筛法测定结果发生争议时,以负压筛法为准。

试验五 凝结时间测定试验

一、试验目的

用标准稠度的水泥净浆测定凝结时间。凝结时间对水泥混凝土的施工具有重要意义,初凝太快,给施工造成不便;终凝太慢,将影响施工进度。

二、适用范围

适用于普通硅酸盐水泥、硅酸盐水泥、矿渣硅酸盐水泥、火山灰质硅酸盐水泥、粉煤灰硅酸盐水泥,道路硅酸盐水泥等,用以评价水泥混凝土工程水泥的物理性能。

三、仪器设备

1. 标准法维卡仪:测定凝结时间时取下试杆,用试针代替试杆。试针是钢制的圆柱体,其有效长度初凝针为50±1 mm,终凝针为30±1 mm,直径为 ϕ_1。13±0.05 mm。滑动部分的总质量为300±1 g。与试杆、试针连接的滑动杆表面应光滑,能靠重力自由下落,不得有紧涩和晃动现象。

2. 其他仪器同前标准稠度用水量测定试验。

四、试验准备

1. 测定前准备工作

调整凝结时间测定仪的试针接触玻璃板时，将指针对准零点。

2. 试件的制备

以标准稠度的水泥净浆一次装满试模，振动数次刮平，立即放入湿气养护箱中。记录水泥全部加入水中的时间作为凝结时间的起始时间。

五、试验步骤

1. 初凝时间的测定

试件在湿气养护箱中养护至加水后 30 min 时进行第一次测定。测定时，从湿气养护箱中取出试模放到试针下，降低试针与水泥净浆表面接触，拧紧螺丝 1 ~2 s，突然放松，试针垂直自由地沉入水泥净浆。观察试针停止下沉或释放试针 30 s 时指针的读数。当试针沉至距底板 4 ±1 mm时，为水泥达到初凝状态，达到初凝时应立即复测一次，当两次结论相同时才能定为初凝状态。由水泥全部加入水中至初凝状态所经历时间为水泥的初凝时间，用“min”表示。

2. 终凝时间的测定

为了准确观测试针沉入的状况，在终凝针上安装了一个环形附件。在完成初凝时间测定后，立即将试模连同浆体以平移的方式从玻璃板取下，翻转 180°，直径大端向上、小端向下地放在玻璃板上，再放入湿气养护箱中继续养护，临近终凝时间每隔 15 min 测定一次，当试针沉入试体 0.5 mm 时，即环形附件开始不能在试体上留下痕迹时，为水泥达到终凝状态，达到终凝时应立即复测一次，当两次结论相同时才能定为终凝状态。由水泥全部加入水中至终凝状态所经历的时间为水泥的终凝时间，用“min”表示。

3. 测定时应注意

最初的测定操作时应用手轻轻扶持金属柱，使其徐徐下降，以防试针撞弯，但结果要以自由下落为准。在整个测试过程中试针沉入的位置至少要距试模内壁 10 mm，临近初凝时，每隔 5 min 测定一次，临近终凝时每隔 15 min 测定一次，到达初凝或终凝时应立即重复测一次，当两次结论相同时才能定为到达初凝或终凝状态。每次测定不能让试针落入原针孔，每次测试完毕须将试针擦净并将试模放回湿气养护箱内，整个测试过程要防止试模受振。

六、试验记录表

试验记录表如表 2 –5 所示。

表 2－5 水泥凝结时间试验记录表

<table>
<tr><td>试样名称</td><td></td><td colspan="2">材料产地</td><td></td></tr>
<tr><td>试验次数</td><td colspan="2">初凝时间 T_i</td><td colspan="2">终凝时间 T_t</td></tr>
<tr><td>1</td><td colspan="2"></td><td colspan="2"></td></tr>
<tr><td>2</td><td colspan="2"></td><td colspan="2"></td></tr>
<tr><td>备注</td><td colspan="4"></td></tr>
</table>

试验者________ 计算者________ 校核者________ 试验日期________

注：可以使用能得出与标准中规定方法相同结果的凝结时间自动测定仪，使用时不必翻转试体。

试验六 水泥安定性试验

一、试验目的

本试验用于检定由于游离氧化钙而引起水泥体积变化，以表示水泥体积安定性是否合格。

二、适用范围

适用于普通硅酸盐水泥、硅酸盐水泥、矿渣硅酸盐水泥、火山灰质硅酸盐水泥、粉煤灰硅酸盐水泥、道路硅酸盐水泥等，用以评价水泥混凝土工程水泥的物理性能。

三、仪器设备

1. 雷氏夹：雷氏夹由铜质材料制成。当一根指针的根部先悬挂在一根金属丝或尼龙丝上，另一根指针的根部再挂上 300 g 质量的砝码时，两根指针的针尖距离增加应在 17.5 ± 2.5 mm范围之内，即 $2x = 17.5 \pm 2.5$ mm，当去掉砝码后针尖的距离能恢复至挂祛码前的状态。

2. 雷氏夹膨胀值测定仪：标尺最小刻度为 0.5 mm。

3. 沸煮箱：有效容积约为 410 mm × 240 mm × 310 mm，蓖板的结构应不影响试验结果，蓖板与加热器之间的距离大于 50 mm。箱的内层由不易锈蚀的金属材料制成，能在 30 ± 5 min内将箱内的试验用水由室温升至沸腾并可以保持沸腾状态 3 h 以上，整个沸煮过程中水位能没过试件，不需中途添加试验用水。

4. 玻璃板、抹刀、直尺。

5. 其他仪器设备与标准稠度用水量相同。

四、试验准备

1. 雷氏法(标准法)

每个试样需成型两个试件,每个雷氏夹需配备质量约 75 ~ 80 g 的玻璃板两块,凡与水泥净浆接触的玻璃板表面和雷氏夹内表面都要稍稍涂上一层油。

2. 试饼法(代用法)

每个样品需准备两块约 100 mm × 100 mm 的玻璃板,凡与水泥净浆接触的玻璃板都要稍稍涂上一层油。

五、试验步骤

1. 雷氏法(标准法)

(1)雷氏夹试件的成型

以标准稠度用水量加水,按水泥净浆的拌制方法制备标准稠度净浆。将预先准备好的雷氏夹放在已稍擦油的玻璃板上,并立即将已制备好的标准稠度净浆装满雷氏夹。装浆时一只手轻轻扶持雷氏夹,另一只手用宽约 10 mm 的小刀插捣数次,然后抹平,盖上稍涂油的玻璃板,接着立即将试件移至湿气养护箱内养护 24 ± 2 h。

(2)沸煮

调整好沸煮箱内的水位,使之在整个沸煮过程中都能没过试件,不需中途添补试验用水,同时保证水温在 30 ± 5 min 内能升至沸腾。

脱去玻璃板取下试件,先测量雷氏夹指针尖端间的距离(A),精确到 0.5 mm,接着将试件放入沸煮箱水中的试件架上,指针朝上,试件之间互不交叉,30 ± 5 min 内加热至沸并恒沸 3 h ± 5 min。

(3)结果判别

沸煮结束后,立即放掉沸煮箱中的热水,打开箱盖,待箱体冷却至室温,取出试件进行判别。测量雷氏夹指针尖端的距离(C),精确到 0.5 mm,当两个试件煮后增加距离(C - A)的平均值不大于 5.0 mm 时,即认为该水泥安定性合格;当两个试件的(C - A)值相差超过 4.0 mm 时,应用同一样品立即重做一次试验。再如此,则认为该水泥安定性不合格。

2. 试饼法(代用法)

(1)试饼的成型方法

将制好的标准稠度净浆取出一部分分成两等份,使之呈球形,放在预先准备好的玻璃板上,轻轻振动玻璃板并用湿布擦净的小刀由边缘向中央抹动,做成直径 70 ~ 80 mm、中心厚约 10 mm、边缘渐薄、表面光滑的试饼,接着将试饼放入湿气养护箱内养护 24 ± 2 h。

(2)沸煮

调整好沸煮箱内的水位,使之在整个沸煮过程中都能没过试件,不需中途添补试验用水,同时保证水温在 30 ±5 min 内能升至沸腾。

脱去玻璃板取下试件，用试饼法时，先检查试饼是否完整（如已开裂、翘曲，要检查原因，确定无外因时，该试饼已属不合格品，不必沸煮），在试饼无缺陷的情况下，将试饼放在沸煮箱水中的蓖板上，然后在 30 ±5 min 内加热至水沸腾并恒沸 180 ±5 min。

（3）结果判别

沸煮结束后，立即放掉沸煮箱中的热水，打开箱盖，待箱体冷却至室温，取出试件进行判别。目测试饼未发现裂缝，用钢直尺检查也没有弯曲（使钢直尺和试饼底部紧靠，以两者间不透光为不弯曲）的试饼为安定性合格，反之为不合格。当两个试饼判别结果有矛盾时，该水泥的安定性为不合格。

六、试验记录表

试验记录表如表 2 –6 所示。

表 2 –6 水泥安定性试验记录表

试样名称		材料产地	
试验次数	雷氏法		试饼法
1			
2			
备注			

试验者________ 计算者________ 校核者________ 试验日期________

试验七 水泥胶砂强度试验（ISO 法）

一、试验目的

本试验的目的是测定水泥的抗折强度和抗压强度，从而确定水泥的强度等级。

二、适用范围

适用于普通硅酸盐水泥、硅酸盐水泥、矿渣硅酸盐水泥、火山灰质硅酸盐水泥、粉煤灰硅酸盐水泥、道路硅酸盐水泥等，用以评价水泥混凝土工程水泥的物理性能。

三、仪器设备

1. 水泥胶砂搅拌机：由胶砂搅拌锅和搅拌叶片及相应的机构组成。

2. 振实台：胶砂试体成型振实台由可以跳动的台盘和使其跳动的轮等组成。台盘上有固定试模用的卡具，并连有两根起稳定作用的臂，轮由电机带动，通过控制器控制，按一定的要求转动并保证使台盘平衡上升至一定高度后自由下落，其中心恰好与止动器撞击。振实台应安装在高度约400 mm的混凝土基座上。

3. 试模：试模由三个水平的模槽组成。可同时成型三条截面为40 mm×40 mm×160 mm的菱形试体。成型操作时，应在试模上面加有一个壁高为20 mm的金属模套，当从上往下看时，模套壁与模型内壁应该重叠，超出内壁不应大于1 mm。

4. 抗折强度试验机：通过三根圆柱轴的三个竖向平面应该平行，并在试验时继续保持平行和等距离垂直试体的方向，其中一根支撑圆柱和加荷圆柱能轻微倾斜使圆柱与试体完全接触，以便荷载沿试体宽度方向均匀分布，同时不产生任何扭转应力。

5. 抗压强度试验机：在较大的量程范围内使用抗压强度试验机时，记录的荷载应满足±1%的精度要求，并能按2 400±200 N/s的速率加荷。人工操纵的试验机应配有一个速度动态装置以便于控制荷载增加。

压力机的活塞竖向轴应与压力机的竖向轴重合，活塞作用的合力要通过试件中心。压力机的下压板表面应与压力机的轴线垂直并在加荷过程中一直保持不变。

6. 抗压强度试验机用夹具：当需要使用夹具时，应把它放在压力机的上下压板之间并与压力机处于同一轴线，以便将压力机的荷载传递至胶砂件表面，受压面积为40 mm×40 mm。夹具要保持清洁，球座应能转动，上压板从一开始就能适应试体的形状并在试验中保持不变。

7. 刮平直尺和播料器：控制料层厚度和刮平胶砂的专用工具。

8. 其他：试验筛、天平、量筒等。

四、试验准备

1. 试件成型

成型前将试模擦净，用黄干油等密封材料涂覆试模的外接缝，试模的内表面应涂上一薄层机油。

2. 胶砂组成

(1)基准砂：ISO基准砂是由德国标准砂公司制备的二氧化硅含量不低于98%的天然的圆形硅质砂组成，其颗粒分布在表2－7规定的范围内。

表2－7 ISO基准砂颗粒分布表

方孔边长/mm	累计筛余/%	方孔边长/mm	累计筛余/%
2.0	0	0.5	67±5
1.6	7±5	0.16	87±5
1.0	33±5	0.08	99±1

砂的筛析试验应采用代表性的样品来进行，每个筛子的筛析试验应进行至每 min 通过量小于 0.5 g 为止。砂的含水量应小于 0.2%。

(2)中国 ISO 标准砂：中国 ISO 标准砂完全符合 ISO 基准砂颗粒分布和含水量的规定。

(3)水泥：试验用水泥从取样到试验要保持 24 h 以上时，应把它贮存在基本装满和气密的容器里，这个容器不应与水泥起反应。

(4)水：仲裁试验或其他重要试验用蒸馏水，其他试验可用饮用水。

3. 胶砂制备

(1)每成型三条试体各种材料用量如表 2－8 所示。

表 2－8 每锅胶砂的材料数量

水泥品种 材料量	水泥 /g	标准砂 /g	水 /mL
硅酸盐水泥 普通硅酸盐水泥 矿渣硅酸盐水泥 粉煤灰硅酸盐水泥 复合硅酸盐水泥 石灰石硅酸盐水泥	450 ±2	1 350 ±5	225 ±1

(2)水泥、砂、水和试验用具的温度与试验室相同，称量用的天平精度应为 ±1 g。当用自动滴管加 225 mL 水时，滴管精度应达到 ±1 mL。

(3)每锅胶砂用搅拌机进行机械搅拌。先使搅拌机处于待工作状态，然后按下面的程序进行操作：先把水倒入锅内，再加入水泥，把锅放在固定架上，上升至固定位置后立即开动机器，低速搅拌 30 s 后，在第二个 30 s 开始的同时均匀地将砂子加入，当各级砂分装时，从最粗粒级开始，依次将所需的每级砂倒入锅内，再高速拌和 30 s，停拌 90 s，在第 1 个 15 s 内用一胶皮刮具将叶片和锅壁上的胶砂刮入锅中间，再高速继续搅拌 60 s。各个搅拌阶段的时间误差应在 ±1 s 以内。

五、试验步骤

1. 胶砂制备后立即成型。将空试模和模套固定在振实台上，用小勺从搅拌锅里把胶砂分两层装入试模，装第一层时，每个槽里约放 300 g 胶砂，用大播料器垂直架在模套顶部沿每个模槽来回一次将料层播平，接着振实 60 次。再装入第二层胶砂，用小播料器播平，再振实 60 次，移走模套，从振实台上取下试模，用一金属直尺以近似 90°的角度架在试模模顶的一端，然后沿试模长度方向以横向锯割动作慢慢向另一端移动，一次将超过试模部分的胶砂刮去，并用同一直尺以近乎水平的情况下将试体表面抹平。在试模上作标记或加字条对试件编号。

2. 当使用代用振动台成型时,操作如下:在搅拌胶砂的同时将试模和下料漏斗卡紧在振动台的中心。将搅拌好的全部胶砂均匀地装入下料漏斗中,开动振动台,胶砂通过漏斗流入试模。振动 120 ±5 s 停止。振动完毕,取下试模,用刮平尺以规定的刮平手法刮去其高出试模的胶砂并抹平,接着在试模上作标记或用字条表明试件编号。

3. 试件的养护

(1)脱模前的处理和养护:去掉留在试模四周的胶砂,立即将作好标记的试模放入雾室或湿箱的水平架子上养护,湿空气应能与试模各边接触。养护时不应将试模放在其他试模上,一直养护到规定的脱模时间时取出脱模。脱模前,用防水墨汁或颜料笔对试体进行编号或作其他标记,对两个龄期以上的试体,在编号时应将同一试模中的三条试体分在两个以上龄期内。

(2)脱模:脱模应非常小心。对于 24 h 龄期的,应在破型试验前 20 min 内脱模;对于 24 h 以上龄期的,应在成型后 20 ~24 h 之间脱模。

已确定作为 24 h 龄期试验(或其他不下水直接做试验)的已脱模试体,应用湿布覆盖至做试验时为止。

(3)水中养护:将作好标记的试件立即水平或竖直放在 20 ±1 ℃水中养护,水平放置时刮平面应朝上,试件放在不易腐烂的蓖子上(注:不宜用木蓖子),并保持一定间距,以让水与试件的六个面接触。养护期间试件之间间隔或试体上表面的水深不得小于 5 mm。

每个养护池只养护同类型的水泥试件。最初用自来水装满养护池(或容器),随后随时加水保持适当的恒定水位。不允许在养护期间全部换水,除 24 h 龄期或延迟至 48 h 脱模的试体外,任何到龄期的试体应在试验(破型)前 15 min 从水中取出,揩去试体表面沉积物,并用湿布覆盖到试验为止。

(4)试体龄期从水泥加水搅拌开始试验时算起,不同龄期强度试验按表 2 –9 规定的时间里进行。

表 2 –9　水泥胶沙试件强度试验时间表

龄期	时间
24 h	24 h ±15 min
48 h	48 h ±30 min
72 h	72 h ±45 min
7 d	7 d +2 h
28 d	28 d ±8 h

六、试验计算结果整理

1. 抗折强度测定

将试体一个侧面放在试验机支撑圆柱上，试体长轴垂直于支撑圆柱，通过加荷圆柱以50 ± 10 N/s 的速率均匀地将荷载垂直地加在棱柱体相对侧面上，直至折断。

保持两个半截棱柱体处于潮湿状态直至抗压试验。

抗折强度 R_f 以 MPa 表示，按式(2－8)计算。

$$R_f = \frac{1.5F_fL}{b^3} \tag{2-8}$$

式中 R_f——抗折强度，MPa；

F_f——破坏荷载，N；

L——支撑圆柱中心距，mm；

b——试件断面正方形的边长，为 40 mm。

2. 抗压强度测定

在半截棱柱体的侧面上进行，半截棱柱体中心与压力机压板受压中心差应在 ±0.5 mm 内，棱柱体露在压板外的部分约 10 mm，以 2 400 ±200 N/s 的速率均匀地加荷直至破坏。抗压强度 R_c 以 MPa 表示，按式(2－9)计算。

$$R_c = \frac{F_c}{A} \tag{2-9}$$

式中 R_c——试件的抗压强度，MPa；

F_c——试件破坏时的最大荷载，N；

A——试件受压部分面积，mm^2，40 mm ×40 mm ＝1 600 mm^2。

3. 水泥的合格检验

(1)以一组三个棱柱体抗折强度的平均值作为试验结果。当三个强度值中有一个超出平均值的 ±10% 时，应将其剔除后再取平均值作为抗折强度试验结果。

(2)以一组三个棱柱体上得到的六个抗压强度测定值的算术平均值为试验结果。如六个测定值中有一个超出平均值的 ±10%，将其剔除，以剩下五个的平均值为测定结果，如果五个测定值中再有超过它们平均值的 ±10% 的，则此组结果作废。

(3)各试体的抗折强度记录至 0.1 MPa，按规定计算平均值，计算精确到 0.1 MPa。各个半棱柱体得到的单个抗压强度结果计算至 0.1 MPa，按规定计算平均值，计算精确至 0.1 MPa。

七、试验记录表

试验记录表如表 2－10 所示。

表 2-10　水泥胶砂强度试验记录表

<table>
<tr><td colspan="2">试件名称</td><td colspan="5"></td><td colspan="4">材料产地</td><td colspan="2"></td></tr>
<tr><td rowspan="5">试件编号</td><td rowspan="5">试件龄期/d</td><td rowspan="3" colspan="5">抗折强度</td><td rowspan="3">试件编号</td><td colspan="4">抗压强度</td><td rowspan="3">水泥强度等级/MPa</td></tr>
<tr><td rowspan="2">破坏荷载 F_c/N</td><td rowspan="2">受压面积 A</td><td colspan="2">抗压强度 R_c</td></tr>
<tr><td>单值</td><td>均值</td></tr>
<tr><td rowspan="2">破坏荷载 F_f</td><td rowspan="2">支点间距 L</td><td>试件尺寸/mm</td><td colspan="2">抗折强度</td><td>1</td><td></td><td></td><td></td><td></td><td></td></tr>
<tr><td>正方形截面边长 b</td><td>单值</td><td>均值</td><td>2</td><td></td><td></td><td></td><td></td><td></td></tr>
<tr><td>1</td><td></td><td></td><td></td><td></td><td></td><td rowspan="4"></td><td>3</td><td></td><td></td><td></td><td></td><td></td></tr>
<tr><td>2</td><td></td><td></td><td></td><td></td><td></td><td>4</td><td></td><td></td><td></td><td></td><td></td></tr>
<tr><td rowspan="2">3</td><td rowspan="2"></td><td rowspan="2"></td><td rowspan="2"></td><td rowspan="2"></td><td rowspan="2"></td><td>5</td><td></td><td></td><td></td><td></td><td></td></tr>
<tr><td>6</td><td></td><td></td><td></td><td></td><td></td></tr>
<tr><td colspan="13"></td></tr>
<tr><td colspan="13"></td></tr>
<tr><td colspan="13"></td></tr>
<tr><td>备注</td><td colspan="12"></td></tr>
</table>

试验者________　　计算者________　　校核者________　　试验日期________

注：如经 24 h 养护，会因脱模对强度造成损害时，可以延迟至 24 h 以后脱模，但在试验报告中应予说明。

第三章　水泥混凝土和建筑砂浆试验

试验一　水泥混凝土拌合物的拌制

一、试验目的

在常温环境中室内水泥混凝土拌和物的拌和与现场取样方法。

二、适用范围

适用于轻质水泥混凝土、防水水泥混凝土、碾压水泥混凝土等其他特种水泥混凝土的拌和与现场取样方法。

三、仪器设备

1. 人工拌制
(1)拌板:1 m×2 m 的金属板一块。
(2)铁铲:手工拌和用,一把。
(3)量斗(或其他容器):装水泥及各种集料用,一个。
(4)烧杯:一个。
(5)抹布:一块。
(6)台秤:称量 50 kg,分度值 0.5 kg,一台。
2. 机械拌制
(1)试验室用混凝土拌和机:容积为 75 ~ 100 L,转速为 18 ~ 22 r/min。
(2)铁铲。
(3)量斗及其他容器:装水泥和各种集料用。
(4)台秤:称量 50 kg,分度值 0.5 kg。
(5)拌板:1 m×2 m 的金属板。
(6)天平:称量 500 g,分度值 1 g。
(7)量筒:1 000 mL。

四、试验步骤

1. 人工拌制

(1)清除拌板上黏着的混凝土,并用湿布试润;然后按计算结果称取各种材料,分别装在各容器中。

(2)将称好的砂置于拌板上,然后倒上所需数量的水泥,用铁铲拌和至呈均呈同一颜色为止。

(3)加入所需数量的粗集料,并将全部拌合物加以拌和,使粗集料在整个干拌合物中均匀为止。

(4)将该拌合物收集成椭圆形的堆,在堆的中心扒一凹穴,将所需水的一半注入凹穴中,仔细拌和材料与水,不使水流散,重新将材料堆集成堆,并将剩下的水渐渐加入,继续用铲将混凝土混合料进行拌和(至少来回翻拌6遍),直至彻底拌匀为止。拌和时间(由注水时起)如表3－1规定。

表3－1　拌和时间表

拌合物体积/L	<30	31~50	51~70
拌合时间/min	<4~5	5~9	9~12

(5)在试验室制备混凝土拌合物时,试验室的温度应保持在20±5 ℃,所用材料的温度应与试验室温度一致。

2. 机械拌制

(1)按计算结果将所需材料分别称好,装在各容器中。

(2)使用拌和机前,应先用少量砂浆进行涮膛,再刮出涮膛砂浆,以避免正式拌和混凝土时,水泥浆(黏附筒壁)损失。涮膛砂浆的水灰比及砂灰比与正式混凝土相同。

(3)将称好的各种原材料,往拌和机内按顺序加入石子、砂和水泥,开动拌和机,将材料拌和均匀。在拌和过程中,将水徐徐加入,全部加料时间不宜超过2 min。水全部加入后,继续拌和2 min,然后将拌合物倾倒在拌和板上,再经人工翻拌1~2 min,务使拌合物均匀一致。

所得之混凝土拌合物,可作工作性试验或水泥混凝土强度试验用。混凝土拌和机及拌板在使用后必须立即仔细清洗。

(4)拌和时保持室温20±5 ℃。

试验二　水泥混凝土拌合物工作性试验

一、试验目的

新拌混凝土拌合物必须具备一定流动性,均匀、不离析、不泌水、容易抹平等性质,以适合运送、灌筑、捣实等施工要求。这些性质总称为工作性,通常用稠度表示。测定稠度的方式有坍落度和维勃稠度。

二、适用范围

坍落度试验方法适用于骨料最大粒径不大于40 mm、坍落度值不小于10 mm的混凝土拌合物稠度测定;维勃稠度试验方法适用于最大粒径不大于40 mm、维勃稠度在5~30 s的混凝土拌合物稠度测定。

三、仪器设备

1. 坍落度试验

(1)坍落度筒:坍落度筒为铁板制成的截头圆锥筒,厚度应不小于1.5 mm,内侧平滑,没有铆钉头之类的突出物,在筒上方约2/3高度处安装两个把手,近下端两侧焊两个踏脚板,以保证坍落度筒可以稳定操作。

(2)捣棒:直径16 mm、长约650 mm,并具有半球形端头的钢质圆棒。

(3)其他:小铲、钢尺、喂料斗、镘刀和钢平板等。

2. 维勃稠度试验

(1)维勃稠度计。

(2)其他:秒表、捣棒、镘刀等。

四、试验步骤

1. 坍落度试验

(1)试验前将坍落度筒内外洗净,放在水润湿过的平板上(平板吸水时应垫以塑料布),踏紧踏脚踏板。

(2)将代表样分三层装入筒内,每层装入高度稍大于筒高的1/3,用捣棒在每一层的横截面上均匀插捣25次,插捣在全部面积上进行,沿螺旋线由边缘至中心。插捣底层时插至底部,插捣上面两层时,应插透本层并插入下层约20~30 mm。插捣需垂直向下(边缘部分除外),不得冲击。

在插捣顶层时,装入的拌合物应高出坍落筒,插捣过程中随时添加拌和物,当顶层插捣完毕后,将捣棒用锯和滚的动作,以清除掉多余的拌和物,用镘刀抹平筒口,刮净底周围的混合料;而后立即垂直地提取坍落筒,提筒在5~10 s内完成,并使拌和物不受横向和扭力作用。

从开始提筒到提取坍落筒的全过程,不应超过2.5 min。

(3)将坍落筒放在锥体混凝土试样旁,筒顶平放木尺,用小钢尺量出目标尺底面至试样坍落后的最高点之间的垂直距离,以mm计,精确至5 mm,即为该混凝土混合料的坍落度。

提起坍落度筒后,测量筒高与坍落后混凝土试体最高点之间的高度差,即为该混凝土拌和物的坍落度值。坍落度筒提离后，如混凝土发生崩坍或一边剪坏现象，则应重新取样另行测定。如第二次试验仍出现上述现象，则表示该混凝土拌合物工作性不好，应予记录备查。

(4)当混凝土拌合物的坍落度大于220 mm时，用钢尺测量混凝土扩展后最终的最大直径与最小直径，在这两个直径之差小于50 mm的条件下，用其算本平均值作为坍落扩展度值；否则，此次试验无验。

2. 维勃稠度试验

(1)将容器牢固地用螺母固定在振动台上，放入坍落度筒，把漏斗转到坍落度筒上口，定位螺丝拧紧，使坍落度筒不能漂离容器底面。

(2)按坍落度试验方法，分三层装拌合物，每层捣25次，抹平筒口，提取筒模，仔细地放下圆盘，读出滑棒上刻度，即坍落度。

(3)拧紧定位螺丝，使圆盘顺利滑向容器，开动振动台和秒表，通过透明圆盘观察混凝土的振实情况，一到圆盘底面为水泥浆所布满时，即刻停表和关闭振动台，秒表所记时间即表示混凝土混合料的维勃时间，时间精确至1 s。

(4)仪器每测试一次，必须将容器、筒模及透明盘洗净擦干，并在滑棒等处涂薄层黄油，以便下次使用。

五、试验记录表

试验记录表如表3－2和表3－3所示。

表3－2　坍落度试验记录表

试验次数	坍落度(或坍落扩展度)/mm	备注
1		
2		

试验者________　计算者________　校核者________　试验日期________

表3－3　维勃稠度试验记录表

试验次数	维勃稠度/s	备注
1		
2		

试验者________　计算者________　校核者________　试验日期________

试验三　水泥混凝土抗压强度试验

一、试验目的

在标准温度、湿度条件下养护至规定龄期后，用标准方法测定规定大小的水泥混凝土的抗压强度。

二、适用范围

适用于各类水泥混凝土立方体试件的极限抗压强度试验，作为评定水泥混凝土品质的主要指标。

三、仪器设备

1. 压力试验机。压力试验机的上、下承压板应有足够的刚度，其中一个承压板上应具有球形支座，为了便利试件对中，球形支座最好位于上承压板上。压力机的精确度（示值的相对误差）应在 ±1% 以内，压力机应进行定期检查，以确保压力机读数的准确性。根据预期的混凝土试件破坏荷载选择压力机的量程，要求试件破坏时的读数不小于全量程的 20%，也不大于全量程的 80%。

混凝土强度等级大于等于 C60 时，试件周围应设防崩裂网罩。压力试验机上、下压板承压面的平面度公差为 0.04 mm；否则试验机上、下压板与试件之间应各垫以符合要求的钢垫板。

2. 钢尺：精度 1 mm。

3. 台秤：称量 100 kg，分度值为 1 kg。

四、试验准备

1. 水泥混凝土抗压强度，是按标准方法制作的 150 mm × 150 mm × 150 mm 立方体试件，在温度为 20 ± 2 ℃及相对温度 95% 以上的标准养护室中养护，或在温度为 20 ± 2 ℃的不流动的 $Ca(OH)_2$ 饱和溶液中养护至 28 d。

2. 水泥混凝土抗压强度试件同龄期者应为一组，每组为 3 个同条件制作和养护的混凝土试块。

五、试验步骤

1. 取出试件，检查其尺寸及形状，相对两面应平行，试件的承压面的平面度公差不得超过 0.000 5 d（d 为边长）；试件的相邻面间的夹角应为 90°，其公差不得超过 0.5°；试件各边长、直径和高的尺寸公差不得超过 1 mm。

2. 将试件安放在试验机的下压板或垫板上，试件的承压面应与成型时的顶面垂直。试件的中心应与试验机下压板中心对准，开动试验机，当上压板与试件或钢垫板接近时，调整球座，使接触均衡。

3. 在试验过程中连续均匀地加荷。混凝土强度等级小于 C30 时，加荷速率取 0.3 ~ 0.5 MPa/s；混凝土强度等级大于等于 C30 且小于 C60 时，加荷速率取 0.5 ~ 0.8 MPa/s；混凝土强度等级大于等于 C60 时，加荷速率取 0.8 ~ 1.0 MPa/s。

4. 当试件接近破坏时应停止调整试验机油门，直至试件破坏，记不破坏极限荷载。

六、试验计算结果整理

1. 混凝土立方体试件抗压强度 f_{cu}（以 MPa 计）按式(3 - 1)计算：

$$f_{cu} = \frac{F}{A} \tag{3-1}$$

式中　F——极限荷载，N；

A——受压面积，mm^2。

混凝土立方体抗压强度计算应精确至 0.1 MPa。

2. 以三个试件测值的算术平均为测定值。如三个测值中的最大值和最小值有一个与中间值的差超过中间值的 15% 时，则把最大值及最小值一并舍，取中间值作为该组试件的抗压强度值；如有两个测值与中间值的差值均超过上述规定，则该组试验结果无效。

3. 抗压强度以 150 mm × 150 mm × 150 mm 的立方块为标准试件。混凝土强度等级小于 C60 时，其他尺寸试件测得的抗压强度值应乘以换算系数。200 mm × 200 mm × 200 mm 试件换算系数为 1.05，对于 100 mm × 100 mm × 100 mm 试件换算系数为 0.95。当混凝土强度等级大于等于 C60 时，宜采用标准试件；使用非标准试件时，尺寸换算系数应由试验确定。

七、试验记录表

试验记录表如表 3 - 4 所示。

表 3 - 4　水泥混凝土立方体抗压强度试验记录

试件编号	制备日期	试验日期	龄期(d)	最大荷载 F(N)	试件尺寸(mm)	试件截面 $A(mm^2)$	抗压强度		换算系数	换算后 f_{cui}(MPa)
							个别值 f_{cui}	平均值(MPa)		

试验者________　　计算者________　　校核者________　　试验日期________

试验四 水泥混凝土抗折强度试验

一、试验目的

用标准方法测定规定大小的水泥混凝土的抗折强度,作为评定水泥混凝土品质的主要指标。

二、适用范围

适用于各类水泥混凝土棱柱体试件,水泥混凝土抗折强度是水泥混凝土路面设计的重要参数。用于水泥混凝土路面及桥梁工程中。

三、仪器设备

1. 压力试验机和万能试验机。
2. 抗折试验装置:能使两个相等荷载同时作用在试件跨度 3 分点处的抗折试验装置。
3. 试件的支座和加荷头应采用直径为 20 ~ 40 mm、长度不小于 b + 10 mm 的硬钢圆柱(b 为试件截面宽度),支座立脚点为固定铰支,其他应为滚动支点。

四、试验准备

1. 水泥混凝土抗折强度,是按标准方法制作的 150 mm × 150 mm × 600 mm(或 550 mm)的梁形试件,在标准养护条件下达到规定龄期。
2. 水泥混凝土抗折强度试件同龄期者应为一组,每组为 3 个同条件制作和养护的混凝土试件。

五、试验步骤

1. 取出试件进行检查,试件中部 1/3 长度内不得有表面直径超过 5 mm、深度超过 2 mm 的孔洞,否则该试件应作废。
2. 在试件中部量出其宽度和高度,精确至 1 mm。试件的承压面应为试件成型时的侧面。支座及承压面与圆柱的接触面应平衡、均匀、否则应垫平。
3. 施加荷载应均匀、连续。当混凝土强度等级小于 30 时,加荷速度取 0.02 ~ 0.05 MPa/s;当混凝土强度等级大于等于 C30 且小于 C60 时,加荷速度取 0.05 ~ 0.08 MPa/s;当混凝土强度等级大于等于 C60 时,取 0.08 ~ 0.10 MPa/s。当试件接近破坏时,应停止调整试验机油门,试件破坏,要记下最大荷载及试件下边缘断裂位置。

六、试验计算结果整理

1. 当断面发生在两个加荷点之间时,抗折强度按式(3 - 2)计算:

$$f_f = \frac{FL}{bh^2} \tag{3-2}$$

式中　F——试件破坏荷载，N；

L——支座间跨度，mm；

b——试件截面宽度，mm；

h——试件截面高度，mm。

混凝土抗折强度计算应精确至 0.1 MPa。

2. 以三个试件测值的算术平均值作为该组试件的抗强度值。三个测值中的最大值和最小值中如有一个与中间值的差值超过中间值的 15%，则把最大值和最小值一并舍弃，取中间值为该组试件的抗折强度。如有两个测值与中间值的差匀超过中间值的 15%，则该组试件的试验结果无效。

3. 三个试件中若有一个折断面位于两个集中荷载之外，则混凝土抗折强度值按另两个试件的试验结果计算。若这两个测值的差值不大于这两个测值的较小值的 15% 时，则该组试件的抗折强度值按这两个侧值的平均值计算，否则该组试件试验无效。若有两个试件的下边缘断裂位置位于两个集中荷载作用线之外，则该组件试验无效。

4. 采用 100 mm × 100 mm × 400 mm 非标准试件时，在三分点加荷的试验方法同前，但所取得的抗折强度值应乘以尺寸换算系数 0.85；当混凝土强度等级大于等于 C60 时，宜采用标准试件；使用非标准试件时，尺寸换算系数应由试验确定。

七、试验记录表

试验记录表如表 3－5 所示。

表 3－5　水泥混凝土抗折强度试验记录

试件编号	制备日期	试验日期	龄期(d)	最大荷载 F(N)	试件尺寸(mm)		断面与邻近支点距离 x(mm)	抗压强度(MPa)		换算系数	换算后 f_f(MPa)
					宽高	长度		个别值 f_{fi}	平均值		

试验者________　　计算者________　　校核者________　　试验日期________

试验五　水泥混凝土轴心抗压强度试验

一、试验目的

测定混凝土棱柱体轴心抗压强度，以提出设计参数和抗压弹性模量试验荷载标准。

二、适用范围

适用于各类水泥混凝土立方体试件的极限抗压强度试验，作为评定水泥混凝土品质的主要指标。

三、仪器设备

1. 压力试验机。混凝土强度等级大于等于 C60 时，试件周围应设防崩裂网罩。压力试验机上、下压板承压面的平面度公差为 0.04 mm；否则试验机上、下压板与试件之间应各垫以符合要求的钢垫板。

2. 钢尺：精度 1 mm。

3. 台秤：称量 100 kg，分度值为 1 kg。

四、试验准备

1. 水泥混凝土轴心抗压强度，是按标准方法制作的 150 mm×150 mm×300 mm 的卧式棱柱体，在标准养护条件下达到规定龄期。

2. 水泥混凝土抗折强度试件同龄期者应为一组，每组为 3 个同条件制作和养护的混凝土试件。

五、试验步骤

1. 取出试件，清除表面污垢，擦干表面水分，仔细检查后，在其中部量出试件宽度（精确至 1 mm），计算试件受压面积。在准备过程中，要求保持试件湿度无变化。

2. 将试件直立放置在试验机的下压板或钢垫板上，并使试件轴心与下压板中心对准。

3. 开动试验机，当上压板与试件或钢垫板接近时，调整球座，使接触均衡。

4. 以与立方体抗压强度试验相同的加荷速度，均匀而连续地加荷，当试件接近破坏而开始迅速变形时，停止调整试验机油门，直至试件破坏，记录最大荷载。

六、试验计算结果整理

1. 混凝土轴心抗压强度 f_{cp}（MPa 表示）按式（3－3）计算：

$$f_{cp}=\frac{F}{A} \tag{3-3}$$

式中　F——试件破坏荷载，N；

A——试件承压面积，mm^2。

混凝土抗折强度计算应精确至0.1 MPa。

2. 以三个试件测值的算术平均值作为该组试件的抗折强度值。三个测值中的最大值和最小值中如有一个与中间值的差值超过中间值的15%，则把最大值和最小值一并舍弃，取中间值为该组试件的抗折强度。如有两个测值与中间值的差均超过中间值的15%，则该组试件的试验结果无效。

3. 抗折强度以150 mm×150 mm×300 mm的试块为标准试件。混凝土强度等级小于C60时，其他尺寸试件测得的抗压强度值应乘以换算系数，200 mm×200 mm×400 mm试件换算系数为1.05，100 mm×100 mm×300 mm试件换算系数为0.95。当混凝土强度等级大于等于C60时，宜采用标准试件；使用非标准试件时，尺寸换算系数应由试验确定。

七、试验记录表

试验记录表如表3-6所示。

表3-6　水泥混凝土轴心抗压强度试验记录

试件编号	制备日期	试验日期	龄期/d	最大荷载 F/N	试件尺寸/mm		承压面积 A/mm^2	抗压强度/MPa		换算系数	换算后 f_{cp}/MPa
					宽高	长度		个别值 f_{cpi}	平均值 f_{cp}		

试验者________　计算者________　校核者________　试验日期________

试验六　砂浆拌合物的拌制

一、试验目的

在常温环境中室内砂浆拌合物的拌合。

二、适用范围

适用于各类砂浆拌合物的拌制。

三、仪器设备

1. 砂浆搅拌机。
2. 拌板。
3. 量斗:一个。
4. 量水容器:一个。
5. 台秤。
6. 天平。
7. 量筒。

四、试验准备

试验用材料要求提前运入室内,试验室的温度应保持在 20±5 ℃。试验用水泥和其他材料应与现场使用材料一致。水泥应通过 0.9 mm 方孔筛,细集料应采用干砂或饱和面干砂,通过 5 mm 筛,砌筑砖砌体用砂浆,所用细集料须筛去大于 2.5 mm 的颗粒。

五、试验步骤

1. 机械搅拌

将称好的水泥、砂及其他材料装入砂浆搅拌机,开动搅拌机干拌均匀后,再逐渐加入水,观察砂浆的和易性符合要求时,停止加水。搅拌时间不宜少于2 min。搅拌量不宜少于搅拌机容量的 20%。

2. 人工拌和

按选定的砂浆配合比,称取各种材料,先在拌锅或拌盘上干拌均匀,在中间做一凹口,将水逐渐加入,观察砂浆的和易性符合要求时,停止加水;若拌制混合砂浆。则先将称好的石灰膏或黏土膏倒入凹口中,再倒入一部分水,将石灰膏或黏土膏稀释,然后充分拌和,并逐步加水,直至混合料色泽一致,和易性凭观察符合要求为止,拌和时间不小于 5 min。

试验七 砂浆稠度试验

一、试验目的

测定砂浆在自重或外力作用下的流动性能。

二、适用范围

适用于道路工程及桥梁工程中砂浆性质的判定。

三、仪器设备

1. 砂浆稠度仪。
2. 钢制捣棒,直径 10 mm,长 350 mm,端部磨圆。
3. 秒表。

四、试验步骤

用湿布将锥形容器内壁和试锥表面擦干净,并用少量润滑油轻擦滑杆,将滑杆上多余的油用吸油纸擦净,使滑杆能自由滑动。

五、试验步骤

1. 将拌好的砂浆一次装入容器,使砂浆表面低于锥形容器口约 10 mm,用捣棒自容器中心向边缘插捣 25 次,然后轻轻地将容器摇动或敲击 5 ~ 6 下,使砂浆表面平整,随后将容器置于砂浆稠度测定仪的底座上。

2. 拧开试锥滑动杆的制动螺丝,向下移动滑杆,当试锥尖端与砂浆表面刚接触时,拧紧制动螺丝,使齿条测杆下端与滑杆的上端接触,并将指针调至刻度盘零点。

3. 放松制动螺丝(同时记时间),使试锥自由沉入砂浆中,待 10 s 时立即固定螺丝,将齿条测杆下端接触滑杆上端,从刻度盘上读出试锥下沉的深度,即为砂浆的稠度值(精确至1 mm)。

4. 锥形容器内的砂浆,只允许测定一次稠度,重复测定时应重新取样。

六、试验结果处理

取两次试验结果的算术平均值作为砂浆的稠度值,精确至 1 mm。如两次试验结果之差大于 20 mm,则应另取砂浆拌和后重新测定。

七、试验记录表

试验记录表如表 3 – 7 所示。

表 3 – 7　砂浆稠度试验记录表

试验次数	试锥下沉深度/mm	稠度/mm	备注

试验者________　计算者________　校核者________　试验日期________

试验八　砂浆的分层度试验

一、试验目的

测定砂浆拌和物在运输及停放时的保水能力及砂浆内部各组分之间的相对稳定性，以评定其和易性。

二、仪器设备

1. 砂浆分层度测定仪。
2. 砂浆稠度测定仪。
3. 水泥胶砂振实台。
4. 搅拌锅、木锤、抹刀。
5. 秒表等。

三、试验步骤

1. 首先将砂浆拌和物按稠度试验方法测定稠度 K_1。

2. 将砂浆拌和物一次装入分层度筒内，待装满后，用木锤在容器周围距离大致相等的四个不同地方轻轻敲击 1 ~ 2 下，如砂浆沉落到低于筒口，则应随时添加，然后刮去多余的砂浆并用镘刀抹平。

3. 静置 30 min 后，去掉上节 200 mm 砂浆，剩余的 100 mm 砂浆倒出放在拌和锅内拌 2 min，再按稠度试验方法测其稠度。前后测得的稠度之差（$K_1 - K_2$）即为该砂浆的分层度值（精确到 1 mm）。

4. 取两次试验结果的算术平均值作为该砂浆的分层度值。如两次的试验结果之差大于 20 mm，应重新试验。

四、试验计算结果整理

砂浆的分层度宜在 10 ~ 30 mm 之间，如大于 30 mm 易产生分层、离析和泌水等现象，如小于 10 mm 则砂浆过干，不宜铺设且容易产生干缩裂缝。

五、试验记录表

试验记录表如表 3 - 8 所示。

表 3-8　砂浆的分层度试验表

试验次数	稠度 K_1/mm	稠度 K_2/mm	分层度(K_1-K_2)/mm

试验者________　计算者________　校核者________　试验日期________

试验九　砂浆的立方体抗压强度试验

一、试验目的

测定砂浆立方体的抗压强度,以便确定砂浆的强度等级并可判断是否达到设计要求。

二、仪器设备

1. 压力试验机
2. 试模规格为 70.7 mm×70.7 mm×70.7 mm 的立方体。
3. 捣棒、垫板等。

三、试验准备

1. 试件制备

(1)制作砌筑砂浆试件时,将无底试模放在预先铺有吸水性较好的湿纸的普通黏土砖上(砖的吸水率不小于 10%,含水率不大于 2%),试模内壁事先涂刷脱膜剂或薄层机油。

(2)放在砖上的湿纸,应为湿的新闻纸(或其他未粘过胶凝材料的纸),纸的大小要以能盖过砖的四边为准,砖的使用面要求平整,凡砖四个垂直面粘过水泥或其他胶结材料后,不允许再使用。

(3)向试模内一次注满砂浆,用捣棒均匀由外向里按螺旋方向插捣 25 次,为了防止低稠度砂浆插捣后可能留下孔洞,允许用油灰刀沿模壁插数次,使砂浆高出试模顶面 6~8 mm。

(4)当砂浆表面开始出现麻斑状态时(约 15~30 min),将高出部分的砂浆沿试模顶面削去抹平。

2. 试件养护

(1)试件制作后应在 20±5 ℃温度环境下停置一昼夜 24±2 h,当气温较低时,可适当延长时间,但不应超过两昼夜,然后对试件进行编号并拆模。试件拆模后,应在标准养护条件下继续养护至 28 d,然后进行试压。

(2)标准养护的条件:水泥混合砂浆的温度应为20±3 ℃,相对温度为60%~80%;水泥砂浆和微沫砂浆的温度应为20±3 ℃,相对湿度90%以上;养护期间,试件彼此间隔不少于10 mm。

(3)当无标准养护条件时,可采用自然养护:水泥混合砂浆应在正常温度,相对湿度为60%~80%的条件下(如养护箱中或不通风的室内)养护;水泥砂浆和微沫砂浆应在正常温度并保持试块表面湿润的状态下(如湿砂堆中)养护;养护期间必须作好温度记录。

(4)在有争议时,以标准养护为准。

四、试验步骤

1. 试件从养护地点取出后,应尽快进行试验,以免试件内部的温度发生显著变化。试验前先将试件擦拭干净,测量尺寸,并检查其外观。试件尺寸测量精确至1 mm,并据此计算试件的承压面积。如实测尺寸与公称尺寸之差不超过1 mm,可按公称尺寸进行计算。

2. 将试件安放在试验机的下压板上(或下垫板上),试件的承压面应与成型时的顶面垂直,试件中心应与试验机下压板中心对准。开动试验机,当上压板与试件(或上垫板)接近时,调整球座,使接触面均衡承压。试验时应连续而均匀地加荷,加荷速度应为0.5~1.5 kN/s(砂浆强度5 MPa以下时,取下限为宜;砂浆强度5 MPa以上时,取上限为宜),当试件接近破坏而开始迅速变形时,停止调整试验油门,直至试件破坏,然后记录破坏荷载。

五、试验计算结果整理

1. 砂浆立方体抗压强度应按下式(3-4)计算:

$$F_{m,cu}=\frac{N_u}{A} \tag{3-4}$$

式中 $F_{m,cu}$——砂浆立方体试样抗压强度,MPa;

N_u——破坏荷载,N;

A——试件承压面积,mm^2。

砂浆立方体抗压强度计算应精确到0.1 MPa。

2. 结果评定

以六个试样的算术平均值为该组试样的抗压强度值,平均值计算精确至0.1 MPa。

当六个测值的最大值或最小值与平均值的差值超过中间值的20%时,以中间四个试样的平均值作为该组试样的抗压强度值。

六、试验记录表

试验记录表如表3-9所示。

表 3－9　滤波器的阶数

报告编号		样品名称	水泥砂浆立方体抗压强度试件	样品规格	70.7 mm×70.7 mm×70.7 mm
设计强度	MPa	试验时间	年　月　日	试验仪器	液压式压力试验机

试件编号	制作日期	试验日期	龄期（天）	试件尺寸/mm			受压面积/mm^2	试件外观检查	破坏荷载/kN	抗压强度/MPa	
				长度	宽度	高度				单值	测定值

试验者________　　计算者________　　校核者________　　试验日期________

第四章　土的工程性质试验

试验一　含水量试验

酒精燃烧法

一、定义

含水量是土在105 ℃～110 ℃下烘干到恒量时所失去的水分质量和达恒量后土的质量的比值,以百分数表示,是描述土的干湿程度的重要指标。

二、试验目的

测定土样的含水量。

三、适用范围

本试验方法适用于快速简易测定细粒土(含有机质的除外)的含水量。

四、仪器设备

1. 酒精:纯度95%以上;
2. 天平:称量200 g,感量0.01 g;
3. 称量盒:定期调整为恒质量;
4. 其他辅助工具,如滴管、调土刀、火柴等。

五、试验步骤

1. 取适量代表性试样(黏质土5～10 g,砂类土20～30 g),放入称量盒内,称量湿土的质量,准确至0.01 g。称量时,可在天平一端放上与该称量盒等质量的砝码,移动天平游码,平衡后称量结果即为湿土质量。

2. 用滴管将酒精注入放有试样的称量盒中,直到盒中出现自由液面为止,为使酒精在试样中充分混合均匀,可将盒底在桌面上轻轻敲击。

3. 点燃盒中酒精，燃至火焰熄灭。
4. 将试样冷却数分钟，按本试验第3条和第4条方法重新燃烧两次。
5. 待第三次火焰熄灭后，盖好盒盖，立即称干土质量，准确至0.01 g。

六、试验计算结果整理

1. 按式(4-1)计算含水量：

$$w = \frac{m - m_s}{m_s} \times 100 \tag{4-1}$$

式中　w——含水量，%；
m——湿土质量，g；
m_s——干土质量，g。

计算至0.1%。

2. 精密度和允许差

本试验须进行两次平行测定，取其算术平均值，允许平行差值应符合如表4-1规定。

表4-1　含水量测定的允许平行差值

含水量/%	允许平行差值/%
5以下	0.3
40以下	1
40以上	2

七、试验记录表

试验记录表如表4-2所示。

表4-2　含水量试验记录表(酒精燃烧法)

盒号	(g)		1	2	3	4
盒质量	(g)	(1)				
盒+湿土质量	(g)	(2)				
盒+干土质量	(g)	(3)				
水分质量	(g)	(4)=(2)-(3)				
干土质量	(g)	(5)=(3)-(1)				
含水量	(%)	(6)=(4)/(5)*100				
平均含水量	(%)	(7)				

试验者________计算者________校核者________试验日期________

注:1. 进行含水量试验时,常因试样代表性不足而使测定结果失去实际意义,因此选取土样时需细心和均匀。此外,含水量试样应根据试验项目的目的和要求选取。若为了了解土层综合而概括的天然含水量,可沿土剖面竖向切取土样,如是配合压缩、抗剪强度、渗透试验,应在切取试样环刀的上下两面选取土样。

2. 关于试样的数量问题,为使试验结果准确可靠,同时考虑烘、烧时间的长短,黏性土规定为 15 ~ 30 g,砂性土或砾质土试样应多取一些。

3. 烘干的试样应先冷却再称量,一是避免因天平受热不均影响称量精度,二是防止热土吸收空气中的水分。为此,试样应放在装有干燥剂(如氯化钙)的缸内冷却,缸口涂抹凡士林,与外界空气隔绝,试样在干燥缸内冷却至室温即可称量。

试验二　密度试验

蜡　封　法

一、定义

1. 土的密度 ρ 是土的单位体积质量。对天然土求得的密度称为天然密度。

2. 土的干密度 ρ_d 是土的固相质量 m_s 与土的总体积 V 之比,即

$$\rho_d = m_s/V \quad (g/cm^3) \tag{4-2}$$

土的干密度越大,土越密实,强度也越高,水稳定性也越好。干密度常用做填土密实度的施工控制指标。

3. 土的饱和密度是当土的孔隙中全部充满水时的密度,即

$$\rho_{sat} = \frac{m_w + m_s}{V} \quad (g/cm^3) \tag{4-3}$$

二、试验目的

测定土样的密度。

三、适用范围

如果土样易碎裂、难以切削和形态不规则的坚硬土可用蜡封法。

四、仪器设备

1. 天平:感量 0.01 g。
2. 其他:烧杯、细线、石蜡、针、削土刀等。

五、试验步骤

1. 用削土刀切取体积大于30 cm^3 试件，削除试件表面的松、浮土以及尖锐棱角，在天平上称量，准确至0.01 g。取代表性土样进行含水量测定。

2. 将石蜡加热至刚过熔点，用细线系住试件侵入石蜡中，使试件表面覆盖一薄层严密的石蜡，若试件蜡膜上有气泡，需用热针刺破气泡，再用石蜡填充针孔，涂平孔口。

3. 待冷却后，将蜡封试件在天平上称量，准确至0.01 g。

4. 利用细线将蜡封试件置于天平一端，使其浸浮在盛有蒸馏水的烧杯中，注意试件不要接触烧杯壁，称蜡封试件的水下质量，准确至0.01 g，并测量蒸馏水的温度。

5. 将蜡封试件从水中取出，擦干石蜡表面水分，在空气中称其质量，将其与第3步中所称质量相比，若质量增加，表示水分进入试件中；若浸入水分质量超过0.03 g，应重做。

六、试验计算结果整理

1. 试样的湿密度，应按式(4－4)计算：

$$\rho_0 = \frac{m_0}{\dfrac{m_n - m_{nw}}{\rho_{wt}} - \dfrac{m_n - m_o}{\rho_n}} \tag{4-4}$$

2. 试样的干密度，应按式(4－5)计算：

$$\rho_d = \frac{\rho_0}{1 + 0.01w_0} \tag{4-5}$$

上两式中　m_0——试样质量，g；

m_n——蜡封试样质量，g；

m_{nw}——蜡封试样在纯水中的质量，g；

ρ_{wt}——蒸馏水在 t ℃时的密度，g/cm^3，准确至0.001 g/cm^3；

ρ_n——石蜡的密度，g/cm^3，应事先实测，准确至0.001 g/cm^3；

w——含水量，%；

ρ——土的湿密度，g/cm^3；

ρ_d——土的干密度，g/cm^3。

3. 精密度和允许差

本试验应进行两次平行测定，两次测定的差值不得大于0.03 g/cm^3，取两次测值的平均值。

七、试验记录表

试验记录表如表4－3所示。

表 4-3 密度试验记录表

土样编号	试件质量/g	封蜡试件质量/g	封蜡试件水中质量/g	温度/℃	水的密度/(g/cm^3)	封蜡试件体积/cm^3	蜡体积/cm^3	试件体积/cm^3	湿密度/(g/cm^3)	含水量/%	干密度/(g/cm^3)	平均干密度/(g/cm^3)	备注
	(1)	(2)	(3)	(4)	(5)	(6)	(7)	(8)	(9)	(10)	(11)	(12)	(13)
1													
2													
3													
4													
5													
6													

试验者__________计算者__________校核者__________试验日期__________

试验三　界限含水量试验

液限塑限联合测定法

一、定义

本试验的目的是联合测定土的液限和塑限，为划分土类、计算天然稠度、塑性指数提供数据，供公路工程设计和施工使用。

二、试验目的

测定细粒土的液限、塑限含水量及其塑性指数 I_p、液性指数 I_L 的确定。

三、适用范围

本试验适用于粒径不大于0.5 mm、有机质含量不大于试样总质量5%的土。

四、仪器设备

1. 液限塑限联合测定仪:锥质量为100 g,锥角为30°,读数显示形式宜采用光电式、游标式、百分表式。

2. 盛土杯:直径5 cm,深度4 ~5 cm。

3. 天平:称量200 g,感量0.01 g。

4. 其他:筛(孔径0.5 mm)、调土刀、调土皿、称量盒、研钵(附带橡皮头的研杵或橡皮板、木棒)干燥器、吸管、凡士林等。

五、试验步骤

1. 取有代表性的天然含水量或风干土样进行试验。如土中含大于0.5 mm的土粒或杂物,应将风干土样用带橡皮头的研杵研碎或用木棒在橡皮板上压碎,过0.5 mm的筛。

取0.5 mm筛下的代表性土样200 g,分开放入三个盛土皿中,加不同数量的蒸馏水,土样的含水量分别控制在液限(a点)、略大于塑限(c点)和二者的中间状态(b点)。用调土刀调匀,盖上湿布,放置18 h以上。测定0点的锥入深度应为20 ±0.2 mm,测定C点的锥入深度应控制在5 mm以下。对于砂类土,测定c点的锥入深度可大于5 mm。

2. 将制备好的土样用调土刀调拌均匀,密实地填入试样杯中,应使空气逸出。高出试样杯的余土用刮土刀刮平,随即将试样杯放在仪器底座上。

3. 当用游标式或百分表式液限塑限联合测定仪试验时,调平仪器,提起锥杆(此时游标或百分表读数为零),锥头上涂少许凡士林。

4. 将装好土样的试杯放在联合测定仪的升降座上,转动升降旋钮,待锥尖与土样表面刚好接触时停止升降,扭动锥下降旋钮,同时开动称表,经5 s时,松开旋钮,锥体停止下落,此时游标读数即为锥入深度h_1。

5. 改变锥尖与土接触位置(锥尖两次锥入位置距离不小于1 cm),重复第3步的和第4步,得锥入深度h_1,h_2,h_3允许误差为0.5 mm,否则应重作。取h_1,h_2平均值作为该点的锥入深度h。

6. 去掉锥尖入土处的凡士林,取10 g以上的土样两个,分别装入称量盒内,称质量(准确至0.01 g),测定其含水量W_1,W_2(计算到0.1%)。计算含水量平均值W。

7. 重复本规程第2 ~6步骤,对其他两个含水量土样进行试验,测其锥入度和含水量。

8. 用光电式或数码式液限塑限联合测定仪测定时,接通电源,调平机身,打开开关,提上锥体(此时刻度或数码显示应为零)。将装好土样的试杯放在升降座上,转动升降旋钮,试杯徐徐上升,土样表面和锥尖刚好接触,指示灯亮,停止转动旋钮,锥体立刻自行下沉,5 s时,自动停止下落,读数窗上或数码管上显示锥入深度。试测完毕,按动复位按钮,锥体复位,读数显示为零。

六、试验计算结果整理

1. 在二级双对数坐标纸上,以含水量 w 为横坐标,锥入深度 h 为纵坐标,点绘 a,b,c 三点含水量的 $h-w$ 图,连此三点,应呈一条直线(下图4-1(a))。如三点不在同一直线上,要通过 a 点与 b,c 两点连成两条直线,根据液限(a 点含水量)在 h_P-w_L 图上的 ab 及 ac 两直线上求出相应的两个含水量,当两个含水量的差值小于2%时,以该两点含水量的平均值与 a 点连成一直线(下图4-1(b))。当两个含水量的差值大于2%时,应重做试验。

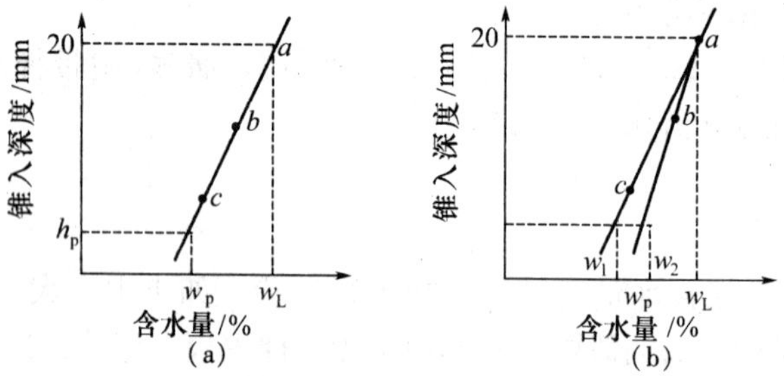

图4-1 锥入深度与含水量关系曲线

2. 在 $h-w$ 图上,查得纵坐标入土深度 $h=20$ mm 所对应的横坐标的含水量 w,即为该土样的液限 w_L。

3. 根据第2步求出的液限,通过液限 w_L 与塑限时入土深度 h_P 的关系曲线(下图),查得 h_P,再由上图求出入土深度为 h_P 时所对应的含水量,即为该土样的塑限 w_p。查 w_L-h_P 关系图时,须先通过简易鉴别法及筛分法把砂类土与细粒土区别开来,再按这两种土分别采用相应的 w_L-h_P 关系曲线。对细粒土,用双曲线确定 h_P 值;对砂类土,则用多项式曲线确定 h_P 值。

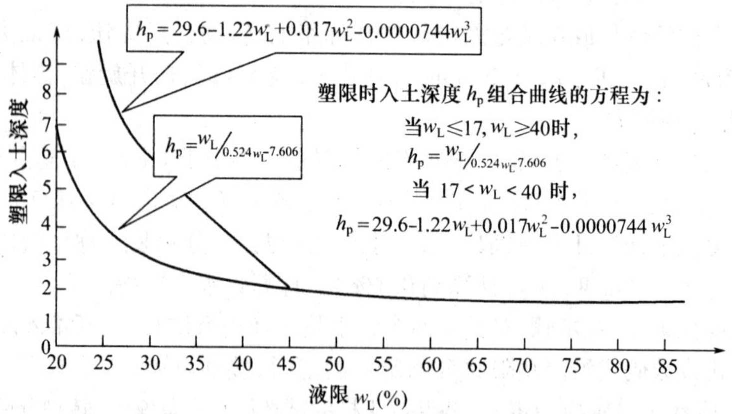

图4-2 w_L—h_p 关系曲线

七、试验记录表

试验记录表如表 4－4 所示。

表 4－4　液限塑限联合试验记录

试验项目＼试验次数		1	2	3	
入土深度/mm	h_1				(h－w 图)
	h_2				
	$\frac{1}{2}(h_1+h_2)$				
含水量/%	盒号				
	盒质量/g				
	盒＋湿土质量/g				
	盒＋干土质量/g				
	水分质量/g				液限 W_L =
	干土质量/g				塑限 W_P =
	含水量/%				塑性指数 I_p =
	平均含水量/%				备注：

试验者＿＿＿＿＿＿计算者＿＿＿＿＿＿校核者＿＿＿＿＿＿试验日期＿＿＿＿＿＿

注：1. 液塑限联合测定时，土体的含水量均匀及密实与否，对试验精度影响极大。土样制备时，三个土样的含水量不宜十分接近，否则不易控制联合测定曲线的走向，影响测定精度。含水量接近塑限的那个土样，对测定影响很大。当含水量等于塑限时，该点控制曲线走向最准。但此时土样很难调制。因此，可先将制备好的土样充分搓揉，再将它紧密地压入盛土杯，然后刮平。为便于操作，根据经验，此时的含水量可略加大，以锥入深度为 4～5 mm 左右为限。必要时可用说明书中介绍的方法，控制紧密度＞0.95 为宜。

2. 土的塑限 w_p 除按双曲线法确定外，也可近似地按经验确定之。方法是根据简单鉴别确定土类，对黏性土、粉性土取入土深度为 2.4 mm，对可搓成条的砂性土取入土深度为 5 mm，对难搓成条的砂性土取入土深度为 10 mm 时，在 $h-w$ 图上所对应的含水量即为该土样的塑限 w_p。

试验四　颗粒分析试验

筛　析　法

一、试验目的

颗粒大小分析试验是测定干土中各种粒组所占该土总质量的百分数，借以明确颗粒大小分布情况，供土的分类与概略判断土的工程性质及选料之用。

二、适用范围

适用于粒径大于0.075 mm的土。

三、仪器设备

1. 试验筛。粗筛：圆孔，孔径为60 mm，40 mm，20 mm，10 mm，5 mm，2 mm；细筛：孔径为2.0 mm，1.0 mm，0.5 mm，0.25 mm，0.1 mm，0.075 mm。
2. 天平：称量5 000 g，感量5 g；称量1000 g，感量1 g；称量200 g，感量0.2 g。
3. 台秤：称量5 kg。
4. 摇筛机（也可采用人工筛）。
5. 其他：烘箱、烧杯、毛刷、木碾、研钵及杵等。

四、试样

从风干、松散的土样中，用四分法按下列表取出代表性试样。

颗粒尺寸/mm	取样数量/g
< 2	100 ~ 300
< 10	300 ~ 1 000
< 20	1 000 ~ 2 000
< 40	2 000 ~ 4 000
< 60	4 000 以上

五、试验步骤

1. 对于无黏聚性的土

(1)按规定称取试样,将试样分批过 2 mm 筛。

(2)将大于 2 mm 的试样按从大到小的次序,通过大于 2 mm 的各级粗筛,将留在筛上的土分别称量。

(3)如 2 mm 筛下的土数量过多,可用四分法缩分至 100 ~ 800 g。将试样按从大到小的次序通过小于 2 mm 的各级细筛,可用摇筛机进行震摇。震摇时间一般为 10 ~ 15 min。

(4)由最大孔径的筛开始,按顺序将各筛取下,在白纸上用手轻叩摇晃,至每分钟筛下数量不大于该级筛余质量的 1% 为止。漏下的土粒应全部放入下一级筛内,并将留在各筛上的土样用软毛刷刷净,分别称量。

(5)筛后各级筛上和筛底土总质量与筛前试样质量之差不应大于 1%。

(6)如 2 mm 筛下的土不超过试样总质量的 10%,可省略细筛分析;如 2 mm 筛上的土不超过试样总质量的 10%,可省略粗筛分析。

2. 对于含有黏土粒的砂砾土

(1)将土样放橡皮板上,用木碾将黏结的土团充分碾散,拌匀、烘干、称量。如土样过多时,用四分法称取代表性土样。

(2)将试样置于盛有清水的搪瓷盆中,浸泡并搅拌,使粗细颗粒分散。

(3)将浸润后的混合液过 2 mm 筛,边冲边洗过筛,直至筛上仅留大于 2 mm 以上的土粒为止。然后,将筛上洗净的砂砾风干称量,按以上方法进行粗筛分析。

(4)通过 2 mm 筛下的混合液存放在盆中,待稍沉淀,将上部悬液过 0.075 mm 洗筛,用带橡皮头的玻璃棒研磨盆内浆液,再加清水,搅拌、研磨、静置、过筛,反复进行,直至盆内悬液澄清。最后,将全部土粒倒在 0.075 mm 筛上,用水冲洗,直到筛上仅留大于 0.075 净砂为止。

(5)将大于 0.075 mm 的净砂烘干称量,并进行细筛分析。

(6)将大于 2 mm 颗粒及 2 ~ 0.075 mm 的颗粒质量从原称量的总质量中减去,即为小于 0.075 mm 颗粒质量。

(7)如果小于 0.075 颗粒质量超过总土质量的 10%,有必要时,将这部分土烘干、取样,另做比重计或移液管分析。

六、试验计算结果整理

1. 按式(4 - 6)计算小于某颗粒直径的土质量百分数:

$$X = \frac{m_A}{m_B} \times 100\% \tag{4-6}$$

式中　X——小于某颗粒直径的土质量百分数,%;

m_A——小于某颗粒直径的土质量,g;

m_B——所取试样的总质量,g。

2. 如用四分法缩分对小于 2 mm 的颗粒取样时,按式(4-7)计算试样中小于某粒径的颗粒质量占总土质量的百分数:

$$X = (a/b) \times p \times 100 \tag{4-7}$$

式中 X——小于某粒径颗粒的质量百分数/%,计算至 0.01;

a——通过 2 mm 筛的试样中小于某粒径的颗粒质量/g;

b——通过 2 mm 筛的土样中所取试样的质量/g;

p——粒径小于 2 mm 的颗粒质量百分数/%。

3. 在半对数坐标纸上,以小于某粒径的颗粒质量百分数为纵坐标,以粒径(mm)为横坐标绘制颗粒大小级配曲线,求出各粒组的颗粒质量百分数,以整数(%)表示。

4. 计算级配指标

不均匀系数按式(4-8)计算:

$$c_u = \frac{d_{60}}{d_{10}} \tag{4-8}$$

曲率系数按式(4-9)计算:

$$c_c = \frac{d_{30}^2}{d_{60}d_{10}} \tag{4-9}$$

式中 C_u——不均匀系数;

d_{60}——限制粒径,颗粒大小分布曲线上的某粒径,小于该粒径的土含量占总质量的 60%;

d_{10}——有效粒径,颗粒大小分布曲线上的某粒径,小于该粒径的土含量占总质量的 10%;

C_c——曲率系数;

d_{30}——颗粒大小分布曲线上的某粒径,小于该粒径土含量占总质量的 30%。

七、试验记录表

试验记录表如表 4-5 所示。

表 4-5 颗粒分析试验记录表

筛前总土质量 = 粒径小于 2 mm 土质量 = 粒径小于 2 mm 土占总土质量 =	粒径小于 2 mm 的土试样质量 =
粗筛分析	细筛分析

表 4－5　（续）

孔径/mm	累积留筛土质量/g	小于该孔径土的质量/%	小于该孔径土质量百分比/%	孔径/mm	累积留筛土质量/g	小于该孔径的土质量/%	小于该孔径土质量百分比/%	占总土质量百分比/%

试验者＿＿＿＿＿计算者＿＿＿＿＿校核者＿＿＿＿＿试验日期＿＿＿＿＿

注：1. 对于粒径大于 0.1 mm 的土，采用筛分法；对于砂（无黏聚性土）可用干筛法；对于含有部分黏性土的砾质土，必须采用水筛法，以保证颗粒充分分散。

2. 对于砾石土等颗粒较大的土样，按其最大粒径决定试样的数量，这样比较直观，易于掌握，又可得到比较有代表性的数据。

试验五　击 实 试 验

一、试验目的

本试验的目的是用标准的击实方法测定土的密度与含水率的关系，从而确定土的最大干密度与最优含水率。

二、适用范围

本试验分轻型击实和重型击实。小试筒适用一径不大于 25 mm 的土，大试筒适用于粒径不大于 38 mm 的土。

三、仪器设备

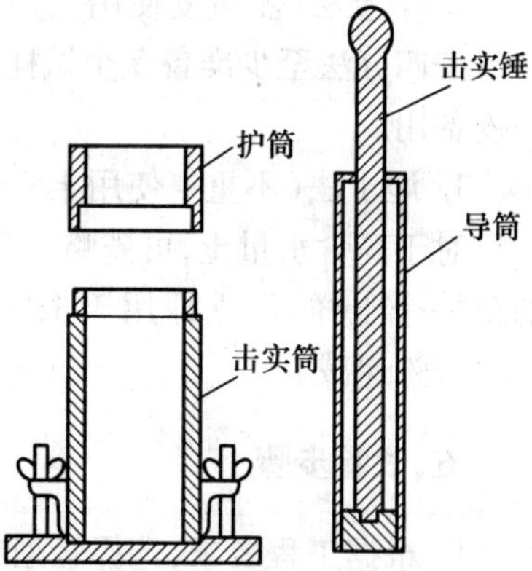

图 4－1　击实仪示意图

1. 击实仪：如图 4－1 所示。由击实筒、击锤和护筒组成。
2. 烘箱及干燥器。
3. 天平：称量 200 g，感量 0.01 g。
4. 台称：称量 10 kg，感量 5 g。
5. 圆孔筛：孔径 38 mm，25 mm，19 mm 和 5 mm 各 1 个。
6. 其他：喷水设备、碾土器、盛土盘、量筒、推土器、铝盒、修土刀、平直尺等。

四、试样

本试验可分别采用不同的方法准备试样，各方法可按表 4－6 准备试料。

表 4－6　试料用量

使用方法	类别	试筒内径/cm	最大粒径/mm	试料用量/kg
干土法	a	10	5	3
重复使用试样		10 15.2	25 38	4.5 6.5
干土法， 不重复使用试样	b	10 15.2	至 25 至 38	至少 5 个试样，每个 3 至少 5 个试样，每个 6
湿土法， 不重复使用试样	c	10 15.2	至 25 至 38	至少 5 个试样，每个 3 至少 5 个试样，每个 6

1. 干土法（重复使用土）

将具有代表性的风干或在 50 ℃温度下烘干的土样放在橡皮板上，用圆木棍碾散，然后过不同孔径的筛（视粒径大小而定）。对于小试筒，按四分分取筛下的土约 3 kg；对于大试筒，同样按四分法取样约 6.5 kg。

估计土样风干或天然含水量，如风干含水量低于开始含水量太多时，可将土样铺于一不吸水的盘上，用喷水设备均匀地喷洒适当用量的水，并充分搅拌，闷料一夜备用。

2. 干土法（不重复使用土）

按四分法至少准备 5 个试样，分别加入不同水分（按 2% ~3% 含水量递增），拌匀后闷料一夜备用。

3. 湿土法（不重复使用土）

对于高含水量土，可省略过筛步骤，用手捡除大于 38 mm 的粗石子即可，保持天然含水量的第一个土样，可立即用于击实试验，将其余几个试样分成小土块，分别风干，使含水量按 2% ~3% 递减。

五、试验步骤

1. 根据工程要求，选择轻型或重型试验方法，根据土的性质（含易击碎风化石数量多少及含水量高低），按表 4－6 规定选用干土法（重复或不重复使用土）或湿土法。

2. 将击实筒放在坚硬的地面上，取制备好的土样分三次装入筒内，每次试样量应使击实后的试样等于或略高于筒高的 1/3，每层击 27 下，击实锤应自由垂直下落，锤迹应均匀分布在土样表面。每层击实后，将层面“拉毛”，以利于层间结合，然后再装入套筒。重复上述方法，进行其余各层土的击实。小试筒击实后，试样不应高出筒顶面 5 mm，大试筒击实后，试样不应高出筒顶面 6 mm。

3. 用修土刀沿套筒内壁削利，使试样与套筒脱离后，扭动并取下套筒，齐筒顶细心削平试样，拆除底板，擦净筒外壁，称量筒 + 湿土重准确至 1 g。

4. 用推土器推出筒内试样，从试样中心处取样测其含水量，计算至 0.1%。测定含水量用试样的数量按表 4-7 规定取样（取出有代表性的土样）。两个试样含水量的精度应符合表 4-7 的规定。

表 4-7　测定含水量用试样的数量

最大粒径/mm	试样质量/g	个数
<5	15 ~ 20	2
约 5	约 50	1
约 19	约 250	1
约 38	约 500	1

5. 对于干土法（重复使用土），将试样搓散，然后按上述方法进行洒水、拌和，但不需闷料，每次约增加 2% ~ 3% 的含水量，其中有两个大于和两个小于最佳含水量，所需加水量按式（4-10）计算：

$$m_w = \frac{m}{1 + 0.01w_o} \times 0.01(w - w_o) \qquad (4-10)$$

式中　m_w——土样所需加水质量，g；

m——风干含水率时的土样质量，g；

w_o——风干含水率，%；

w——土样所要求的含水率，%。

按上述步骤进行其他含水量试样的击实试验。对于干土法（不重复使用土）和湿土法，按上述方法制备各个试样，分别按上述步骤进行击实试验。

六、试验计算结果整理

1. 按式（4-11）计算击实后各点的干密度：

$$\rho_d = \frac{\rho}{1 + 0.01w} \qquad (4-11)$$

式中　ρ_d——干密度，g/cm^3；

ρ——湿密度，g/cm^3；

ω——含水量,%。

2. 以干密度为纵坐标,含水量为横坐标,绘制干密度与含水量的关系曲线(如图 4－2 所示),曲线上峰值点的纵、横坐标分别为最大干密度和最佳含水量,如曲线不能绘出明显的峰值点,应进行补点或重做。

3. 按式(4－12)计算空气体积等于零的等值线,并将这根线绘在含水量与干密度的关系图上,以资比较(如图 4－2 所示)。

$$\rho_d = (1 - 0.01Va)/(1/Gs + \omega/100) \quad (4-12)$$

式中 ρ_d——试样的干密度/(g/cm^3);

V_a——空气体积/%;

Gs——试样密度,对于粗粒土,则为土中粗细颗粒的混合密度;

ω——试样的含水量/%。

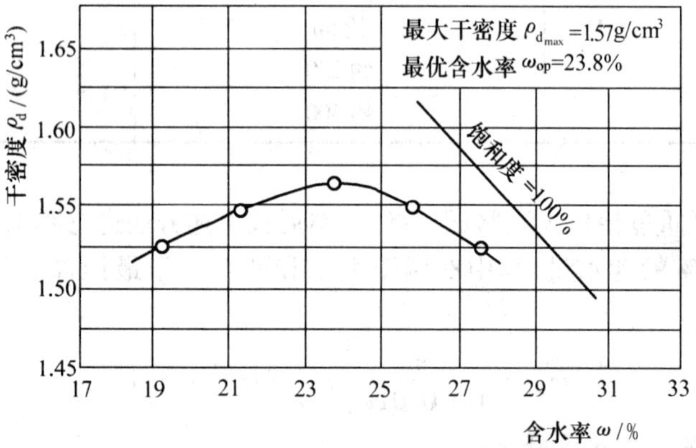

图 4－2 含水量与干密度的关系曲线

4. 当试样中有大于 38 mm 颗粒时,应先取出大于 38 mm 颗粒,并求得其百分率 P,把小于 38 mm 部分作击实试验,按式(4－13)和式(4－14)分别对试验所得的最大干密度和最佳含水量进行校正(适用于大于 38 mm 颗粒的含量小于 30% 时)。

最大干密度按式(4－13)校正:

$$\rho_{dm}' = 1/[(1 - 0.01p)/\rho_{dm}' + 0.01P/G_s'] \quad (4-13)$$

式中 ρ_{dm}'——校正后最大干密度,g/cm^3;

ρ_{dm}——用粒径小于 38 mm 的土样试验所得的最大干密度,g/cm^3;

P——试料中粒径大于 38 mm 颗粒的百分数,%;

G_s'——粒径大于 38 mm 颗粒的毛体积密度,计算至 0.01。

最佳含水量按式(4－14)校正：

$$\omega_0{}' = \omega_0(1 - 0.01P) + 0.01P\omega_2 \tag{4-14}$$

式中 $\omega_0{}'$——校正后的最佳含水量,%；

ω_0——用粒径小于 38 mm 的土样试验所得的最佳含水量,%；

P——试料中粒径大于 38 mm 颗粒的百分数,%；

ω_2——粒径大于 38 mm 颗粒的吸水量,%。

七、试验记录表

试验记录表如表 4－8 所示。

表 4－8 击实试验记录

<table>
<tr><td colspan="2">土样编号</td><td colspan="2"></td><td colspan="2">筒号</td><td colspan="2"></td><td colspan="3">落距</td><td colspan="2"></td></tr>
<tr><td colspan="2">土样来源</td><td colspan="2"></td><td colspan="2">筒容积</td><td colspan="2"></td><td colspan="3">每层击实数</td><td colspan="2"></td></tr>
<tr><td colspan="2">试验日期</td><td colspan="2"></td><td colspan="2">击锤质量</td><td colspan="2"></td><td colspan="3">大于 5 mm 颗粒质量</td><td colspan="2"></td></tr>
<tr><td rowspan="6">干密度</td><td>试验次数</td><td></td><td colspan="2">1</td><td colspan="2">2</td><td colspan="2">3</td><td colspan="2">4</td><td colspan="2">5</td></tr>
<tr><td>筒加土质量</td><td>(g)</td><td colspan="2"></td><td colspan="2"></td><td colspan="2"></td><td colspan="2"></td><td colspan="2"></td></tr>
<tr><td>筒质量</td><td>(g)</td><td colspan="2"></td><td colspan="2"></td><td colspan="2"></td><td colspan="2"></td><td colspan="2"></td></tr>
<tr><td>湿土质量</td><td>(g)</td><td colspan="2"></td><td colspan="2"></td><td colspan="2"></td><td colspan="2"></td><td colspan="2"></td></tr>
<tr><td>湿密度</td><td>(g/cm³)</td><td colspan="2"></td><td colspan="2"></td><td colspan="2"></td><td colspan="2"></td><td colspan="2"></td></tr>
<tr><td>干密度</td><td>(g/cm³)</td><td colspan="2"></td><td colspan="2"></td><td colspan="2"></td><td colspan="2"></td><td colspan="2"></td></tr>
<tr><td rowspan="8">含水量</td><td>盒号</td><td></td><td></td><td></td><td></td><td></td><td></td><td></td><td></td><td></td><td></td><td></td></tr>
<tr><td>盒＋湿土质量</td><td>(g)</td><td></td><td></td><td></td><td></td><td></td><td></td><td></td><td></td><td></td><td></td></tr>
<tr><td>盒＋干土质量</td><td>(g)</td><td></td><td></td><td></td><td></td><td></td><td></td><td></td><td></td><td></td><td></td></tr>
<tr><td>盒质量</td><td>(g)</td><td></td><td></td><td></td><td></td><td></td><td></td><td></td><td></td><td></td><td></td></tr>
<tr><td>水质量</td><td>(g)</td><td></td><td></td><td></td><td></td><td></td><td></td><td></td><td></td><td></td><td></td></tr>
<tr><td>干土质量</td><td>(g)</td><td></td><td></td><td></td><td></td><td></td><td></td><td></td><td></td><td></td><td></td></tr>
<tr><td>含水量</td><td>(%)</td><td></td><td></td><td></td><td></td><td></td><td></td><td></td><td></td><td></td><td></td></tr>
<tr><td>平均含水量</td><td>(%)</td><td></td><td></td><td></td><td></td><td></td><td></td><td></td><td></td><td></td><td></td></tr>
<tr><td colspan="3">最佳含水量＝</td><td colspan="10">最大干密度＝</td></tr>
</table>

试验者＿＿＿＿＿计算者＿＿＿＿＿校核者＿＿＿＿＿试验日期＿＿＿＿＿

注：1. 当采用穿心锤和导杆结构时，试验过程中锤易击在筒边缘上，损坏试筒，影响试验结果。

2. 击实筒应放在坚硬平稳的地面上进行试验。

3. 对于细粒土,可以参照其塑限估计最佳含水量。一般较塑限约小3% ~6%,对于砂性土接近3%,对于黏性土约为6%。天然砂砾、级配集料的最佳含水量与集料中的细粒土含量和塑性指数有关,一般变化在5% ~12%之间。对于细粒土偏少、塑性指数为零的级配碎石,其最佳含水量接近5%。对于细粒土偏多、塑性指数较大的砂砾土,其最佳含水量约在10%左右。

第五章　无机结合料稳定土试验

试验一　无侧限抗压强度试验

一、试验目的

无侧限抗压强度是试件在无侧向压力的条件下，抵抗轴向压力的极限强度。

二、适用范围

本试验法适用于测定水泥和石灰稳定土（包括稳定细粒土、中粒土和粗粒土）试件的无侧限抗压强度。本试验法包括按照预定干容重用静力压实法制备试件以及用击锤法制备试件。试件都是高：直径 =1:1 的圆柱体。应该尽可能用静力压实法制备等干密度的试件。

对其他稳定材料或综合稳定土的抗压强度试验应参照本法。

三、仪器设备

1. 方孔筛：孔径为 37.5 mm，19 mm 及 4.75 mm 的筛各一个。
2. 试模：适用于下列不同土的试模尺寸如下。

(1)细粒土（最大粒径不超过 4.75 mm）：试模的直径 × 高 =50 mm × 50 mm；

(2)中粒土（最大粒径不超过 19 mm）：试模的直径 × 高 =100 mm × 100 mm；

(3)粗粒土（最大粒径不超过 37.5 mm）：试模的直径 × 高 =150 mm × 150 mm。

3. 脱模器。
4. 反力框架：能量达 300 kN。
5. 液压千斤顶（200 ~ 300 kN）。
6. 夯锤和导管。
7. 密封湿气箱或湿气池放在能保持恒温的小房间内。
8. 水槽：深度不小于试件高，外径 50 mm 以上。
9. 路面材料强度试验仪或其他合适的压力机。
10. 天平：感量 0.01 g。
11. 台称：称量 10 kg，感量 5 g。
12. 量筒、拌和工具、漏斗、大小铝盒、烘箱等。

四、试验准备

1. 将具有代表性的风干试料（必要时也可以在 50 ℃烘箱内烘干）用木锤和木碾捣碎，但应避免破碎改变粒料的原粒径。将土过筛并进行分类，如试料为粗粒土则除去大于 40 mm 的颗粒备用，如试料为中粒土则除去大于 20 mm 或 25 mm 的颗粒备用，如试料为细粒土则除去大于 10 mm 的颗粒备用。

2. 在预定做试验的前一天，取有代表性的试料测定其风干含水量。对于细粒土，试样应不少于 100 g；对于中粒土（粒径小于 25 mm），试样应不小于 1 000 g；对于粗粒土（粒径小于 40 mm），试样应不小于 2 000 g。

3. 用击实试验法确定无机结合料混合料的最佳含水量和最大干密度。

五、试件制作

1. 对于同一无机结合料剂量的混合料，需要制相同状态的试件数量（即平行试验的数量）与土类及操作的仔细程度有关。对于无机结合料稳定细粒土，至少应制 6 个试件；对于无机结合料稳定中粒土和粗粒土，应至少分别制 9 个和 13 个试件。

2. 称取一定数量的风干土，并计算干土的质量，其数量随试件大小而变。对于 50 mm × 50 mm 的试件，1 个试件约要干土 180 ~ 210 g；对于 100 mm × 100 mm 的试件，1 个试件约需干土 1 700 ~ 1 900 g；对于 150 mm × 150 mm 的试件，1 个试件约需干土 5 700 ~ 6 000 g。

对于细粒土，可以一次称取 6 个试件的土；对于中粒土，可以一次称取 3 个试件的土；对于粗粒土，一次只称取 1 个试件的土。

3. 将称好的土放在长方盘内，向土中加水，对于细粒土（特别是黏性土）使其含水量较最佳含水量小 3%，对于中粒土和粗粒土可按最佳含水量加水。应加水量可按式（5 - 1）计算：

$$Q_w = \left(\frac{Q_n}{1+0.01w_n}+\frac{Q_c}{1+0.01w_c}\right)\times 0.01w - \frac{Q_n}{1+0.01Q_n}\times 0.01w_n - \frac{Q_c}{1+0.01w_c}\times 0.01w_c \tag{5-1}$$

式中 Q_w——混合料中应加的水量，g；

Q_n——混合料中素土（或集料）的质量，g；

Q_c——混合料中水泥或石灰的质量，g；

w——要求达到的混合料的含水量，%；

w_n——混合料中土的含水量（风干含水量），%；

w_c——混合料中水泥或石灰的原始含水量，%（水泥的 w_c 通常很小，也可以忽略不计）。

将土和水拌和均匀后放在密闭的容器内浸润备用。如为石灰稳定土和水泥石灰综合稳定土，可将石灰和土一起拌匀后进行浸润。

浸润时间：黏性土12～24 h，粉性土6～8 h，砂性土、砂砾土、红土砂砾、级配砂砾等可以缩短到4 h左右，含土很少的未筛分碎石、砂砾及砂可以缩短到2 h。

4. 在浸润过的试料中加入预定数量的水泥或石灰（水泥或石灰剂量均按干土（即干集料）质量的百分率计）并拌和均匀。在拌和过程中，应将预留的3%的水（对于细粒土）加入土中，使混合料的含水量达到最佳含水量，拌和均匀的加有水泥的混合料应在1 h内按下述方法制成试件，超过1 h的混合料应该作废，其他结合料稳定土，混合料虽不受此限，但也应尽快制成试件。

5. 按预定的干密度制件

(1)用反力框架和液压千斤顶制件：

①制备一个预定干密度的试件，需要的稳定土混合料数量m_1(g)，随试模的尺寸而变。可以按式(5－2)计算：

$$M_1 = \rho_d V(1 + w) \qquad (5-2)$$

式中　V——试模的体积，cm^3；

w——稳定土混合料的含水量，%；

ρ_d——稳定土试件的干密度，g/cm^3。

②将试模的下压柱放入试模的下部（事先在试模的内壁及土下压柱的底面涂一薄层机油），并外露2 cm左右。将称量的规定数量m_1(g)的稳定土混合料分2～3次灌入试模中（用漏斗），每次灌入后用夯棒轻轻均匀插实。如制的是50 mm×50 mm的小试件，则可以将混合料一次倒入试模中，然后将上压柱放入试模内，应使其也外露2 cm左右（即上下压柱露出试模外的部分应该相等）。

③将整个试模（连同上下压柱）放到反力框架内的千斤顶上（千斤顶下应放一扁球座），加压直到上下压柱都压入试模为止，维持压力1 min，解除压力后，取下试模，拿去上压柱，并放到脱模器上将试件顶出（利用千斤顶和下压柱）（用水泥稳定有黏结性的材料时，制件后可以立即脱模，用水泥稳定无黏结性材料时，最好过几小时再脱模）。称试件的质量m_2，小试件准确到1 g，中试件准确到2 g，大试件准确到5 g（小试件指50 mm×50 mm的试件，中试件指100 mm×100 mm的试件，大试件指150 mm×150 mm的试件）。然后用游标卡尺量试件的高度h，准确到0.1 mm。

(2)用击锤制件。

其步骤同前。只是用击锤（可以利用做击实试验的锤，但压柱顶面需要垫一块牛皮或胶皮，以保护锤面和压柱顶面不受损伤）将上下压柱打入试模内。

6. 养护

试件从试模内脱出并称量后，应立即放到密封湿气箱和恒湿室内进行保温保湿养生。但中试件和大试件应先用塑料薄膜包覆，有条件时，可采用蜡封保湿养生。养生时间视需要而定，作为工地控制，通常都只取7 d。整个养生期间的温度，在北方地区应保持20±2 ℃，在南方地区应保持25±2 ℃。

养生期的最后一天应该将试件浸泡在水中，水的深度应使水面在试件顶上约2.5 cm。在水中浸泡之前，应再次称试件的质量m_3。在养生期间，试件质量的损失应该符合下列规定：小试件不超过1 g；中试件不超过4 g；大试件不超过10 g。质量损失超过此规定的试件，应该作废。

六、试验步骤

1. 将已浸水一昼夜的试件从水中取出，用软的旧布吸去试件表面的可见自由水，并称试件的质量m_4。

2. 用游标卡尺量试件的高度h_1，准确到0.1 mm。

3. 将试件放到路面材料强度试验仪的升降台上（台上先放一扁球座）进行抗压试验。试验过程中，应使试件的形变等速增加，并保持速率约为1 mm/min。记录试件破坏时的最大压力$P(N)$。

4. 从试件内部取有代表性的样品（经过打破），测定其含水量w_1。

七、试验计算结果整理

1. 试件的无侧限抗压强度R用下列相应的公式计算：

$$\left.\begin{aligned}&\text{对于小试件} \quad R=\frac{P}{A}=0.005\,1P(\text{MPa})\\&\text{对于中试件} \quad R=\frac{P}{A}=0.001\,273P(\text{MPa})\\&\text{对于大试件} \quad R=\frac{P}{A}=0.005\,66P(\text{MPa})\end{aligned}\right\} \tag{5-3}$$

式中 P——试件破坏时的最大压力（N）；

A——试件的截面积（$A=\frac{\pi}{4}d^2$，d为试件的直径，cm）。

2. 精密度或允许误差

若干次平行试验的偏差系数C_v（%）应符合下列规定：

小试件	不大于10%
中试件	不大于15%
大试件	不大于20%

3. 报告

报告应包括以下内容：

（1）材料的颗粒组成。

（2）水泥的种类和标号或石灰的等级。

(3)确定最佳含水量时的结合料用量以及最佳含水量(%)和最大干密度(g/cm³)。

(4)水泥或石灰的剂量(%)或石灰(或水泥)、粉煤灰和集料的比例。

(5)试件干密度(准确到0.01g/cm³)或压实度。

(6)吸水量以及测抗压强度时的含水量(%)。

(7)抗压强度:小于2.0 MPa时,采用两位小数,并用偶数表示;大于2.0 MPa时,采用一位小数,并用0或5表示。

(8)若干个试验结果的最小值和最大值、平均值、标准差S、偏差系数C_v和95%概率的值:

$$R_{C0.95} = \bar{R} - 1.645S \tag{5-4}$$

八、试验记录表

试验记录表如表5-1所示。

表5-1　无侧限抗压强度试验

工程名称__________　　混合料名称__________

试件尺寸/cm __________　　试件压实度/% __________

结合料剂量/% __________　　养生龄期__________

最大干密度/(g/cm³)__________　　加载速度/(mm/min)__________

试件号		1	2	3	4	5
试件制备方法						
制作日期						
试验日期						
养生前试件质量(m_2)	g					
浸水前试件质量/m_3	g					
浸水后试件质量/m_4	g					
养生期间质量损失/m_2-m_3	g					
吸水量/m_4-m_3	g					
养生前试件高度/h_2	cm					
浸水后试件高度/h_3	cm					
试验的最大压力/P	N					
无侧限抗压强度/Rc	MPa					

试验者__________计算者__________校核者__________试验日期__________

第六章　沥青试验

试验一　沥青针入度试验

一、试验目的

沥青针入度是在规定温度和时间内，附加一定质量的标准针垂直贯入试样的深度，以0.1 mm表示。

针入度指数用以描述沥青的温度敏感性，宜在15 ℃，25 ℃，30 ℃三个温度条件下测定，若30 ℃时的针入度值过大，可采用5 ℃代替。当量软化点 T_{800} 是相当于沥青针人度为800时的温度，用以评价沥青的高温稳定性。当量脆点 $T_{1.2}$ 是相当于沥青针入度为1.2时的温度，用以评价沥青的低温抗裂性能。

二、适用范围

本方法适用于测定道路石油沥青、改性沥青及液体石油沥青蒸馏或乳化沥青蒸发后残留物的针入度。

三、仪器设备

1. 针入度仪：凡能保证针和针连杆在无明显摩擦下垂直运动，指示针贯入深度准确至0.1 mm的仪器均可使用。针和针连杆组合件总质量为50 ±0.05 g，另附50 ±0.05 g砝码一只，试验时总质量为100 ±0.05 g。当采用其他试验条件时，应在试验结果中注明。仪器设有放置平底玻璃保温皿的平台，并有调节水平的装置，针连杆应与平台相垂直。仪器设有针连杆制动按钮，使针连杆可自由下落。针连杆易于装拆，以便检查其质量。仪器还设有可自由转动与调节距离的悬臂，其端部有一面小镜或聚光灯泡，借以观察针尖与试样表面的接触情况。当为自动针入度仪时，各项要求与此项相同，温度采用温度传感器测定，针入度值采用位移计测定，并能自动显示或记录，且应对自动装置的准确性经常校验。为提高测试精密度，不同温度的针入度试验宜采用自动针入度仪进行。

2. 标准针：由硬化回火的不锈钢制成，洛氏硬度 HRC54 - 60，表面粗糙度 $Ra0.2$ μm ~ 0.3 μm，针及针杆总质量2.5 ±0.05 g，针杆上应打印有号码标志，针应设有固定用装置盒（筒），以免碰撞针尖，每根针必须附有计量部门的检验单，并定期进行检验。

3. 盛样皿：金属制，圆柱形平底。小盛样皿的内径 55 mm，深 35 mm（适用于针入度小于 200）；大盛样皿内径 70 mm，深 45 mm（适用于针入度 200～350（0.1 mm）；对针入度大于 350 的试样需使用特殊盛样皿，其深度不小于 60 mm，试样体积不少于 125 mL。

4. 恒温水槽：容量不少于 10 L，控温的准确度为 0.1 ℃。水槽中应设有一带孔的搁架，位于水面下不得少于 100 mm，距水槽底不得少于 50 mm 处。

5. 平底玻璃皿：容量不少于 1 L，深度不少于 80 mm。内设有一不锈钢三脚支架，能使盛样皿稳定。

6. 温度计：0 ℃～50 ℃，分度为 0.1 ℃。

7. 秒表：分度 0.1 s。

8. 盛样皿盖：平板玻璃，直径不小于盛样皿开口尺寸。

9. 溶剂：三氯乙烯等。

10. 其他：电炉或砂浴、石棉网、金属锅或瓷把坩埚等。

四、试验准备

1. 按规定的方法将试样脱水、过筛（0.6 mm）。

2. 按试验要求将恒温水槽调节到要求的试验温度，保持稳定。

3. 将准备好的沥青试样注入盛样皿中，试样高度应超过预计针入度值 10 mm，并盖上盛样皿。

4. 盛有试样的盛样皿在 15 ℃～30 ℃室温中冷却 1 h～1.5 h（小盛样皿）、1.5 h～2 h（大盛样皿）或 2 h～2.5 h（特殊盛样皿）后移入保持试验温度 ±0.1 ℃的恒温水槽中 1 h～1.5 h（小盛样皿）、1.5 h～2 h（大盛样皿）或 2 h～2.5 h（特殊盛样皿）。

5. 调整针入度仪使之水平。检查针连杆和导轨，以确认无水和其他外来物，无明显摩擦。用三氯乙烯或其他溶剂清洗标准针并拭干。将标准针插入针连杆，用螺丝固紧。按试验条件，加上附加砝码。

五、试验步骤

1. 从恒温水槽中取出达到试验温度恒温的盛样皿，并移入水温控制在试验温度 ±0.1 ℃（可用恒温水槽中的水）的平底玻璃皿中的三脚支架上。

2. 将盛有试样的平底玻璃皿置于针入度仪的平台上。慢慢放下针连杆，用适当位置的反光镜或灯光反射观察，使针尖恰好与试样表面接触。拉下刻度盘的拉杆，使与针连杆顶端轻轻接触，调节刻度盘或深度指示器的指针指示为零。

3. 开动秒表，在指针正指 5s 的瞬间，用手紧压按钮，使标准针自动下落贯入试样，经规定时间，松开手指，停压按钮使针停止移动。

4. 拉下刻度盘拉杆与针连杆顶端接触，读取刻度盘指针或位移指示器的读数，准确至 0.5

(0.1 mm)。

5. 同一试样平行试验至少三次，各测试点之间及与盛样皿边缘的距离不应少于 10 mm。每次试验后应将盛有盛样皿的平底玻璃皿放入恒温水槽，使平底玻璃皿中水温保持试验温度。

6. 测定针入度指数 P.I. 时，按同样的方法在 15 ℃，25 ℃，30 ℃三个或以上温度条件下分别测定沥青针入度。

六、试验计算结果整理

同一试样三次平行试验结果的最大值和最小值之差在表中规定偏差范围内时（如表 6 - 1 所示），计算三次试验结果的平均值取整作为针入度试验结果，以 0.1 mm 为单位。

表 6 - 1　针入度平行试验允许偏差值表

针入度(0.1mm)	0 ~ 49	50 ~ 149	150 ~ 249	250 ~ 500
允许偏差值(0.1mm)	2	4	12	20

当试验值不符此要求时，应重新进行。

当试验结果小于 50(0.1mm)时，重复性试验的允许差为 2(0.1mm)，复现性试验的允许差为 4(0.1mm)；当试验结果等于或大于 50(0.1mm)时，重复性试验的允许差为平均值的 4%，复现性试验的允许差为平均值的 8%。

七、试验记录表

试验记录表如表 6 - 2 所示。

表 6 - 2　沥青针入度试验记录表

<table>
<tr><td>试样编号</td><td colspan="3"></td><td>试样来源</td><td colspan="3"></td></tr>
<tr><td>试样名称</td><td colspan="3"></td><td>初拟用途</td><td colspan="3"></td></tr>
<tr><td>试验次数</td><td>试验温度/℃</td><td>试验时间/s</td><td>试验核载/N</td><td colspan="3">指针读数</td><td rowspan="2">针入度 P_{en}
(0.1mm)</td></tr>
<tr><td>1</td><td></td><td></td><td></td><td>标准针穿入前</td><td>标准针穿入后</td><td>针入度</td></tr>
<tr><td>2</td><td></td><td></td><td></td><td></td><td></td><td></td><td></td></tr>
<tr><td>3</td><td></td><td></td><td></td><td></td><td></td><td></td><td></td></tr>
<tr><td>准确度校核</td><td></td><td></td><td></td><td></td><td></td><td></td><td></td></tr>
</table>

试验者＿＿＿＿＿＿计算者＿＿＿＿＿＿校核者＿＿＿＿＿＿试验日期＿＿＿＿＿＿

注：1. 当采用自动针入度仪时，计时与标准针落下贯入试样同时开始，至 5 s 时自动停止。

2. 每测一次应换一根干净标准针或取下标准针用蘸有三氯乙烯溶剂的棉花或布擦净，再用干棉花或布擦干，再进行第二次试验。

3. 测定针入度大于200的沥青试样时，至少用三支标准针，每次试验后将针留在试样中，直至三次平行试验完成后，才能将标准针取出。

4. 对取来的沥青试样不得直接采用电炉或煤气炉明火加热。不得已采用电炉或煤气炉加热脱水时，必须垫放石棉网，时间不超过30 min。

5. 在沥青灌模过程中如温度下降可放入烘箱中适当加热，试样冷却后反复加热的次数不得超过两次，以防沥青老化影响试验结果。在沥青灌模时不得反复搅动沥青，应避免混进气泡。

6. 灌模剩余的沥青应立即清洗干净，不得重复使用。

试验二　沥青延度试验

一、试验目的

沥青延度是"∞"字形状的试样在规定温度下，以一定速度受拉伸至断开时的长度，以cm表示。

沥青延度的试验温度与拉伸速率可根据要求采用，通常采用的试验温度为25 ℃，15 ℃，10 ℃或5 ℃，拉伸速度为5 ±0.25 cm/min。当低温采用1 ±0.05 cm/min拉伸速度时，应在报告中注明。

二、适用范围

本方法适用于测定道路石油沥青、液体沥青蒸馏或乳化沥青蒸发残留物等材料的延度。

三、仪器设备

1. 延度仪：将试件浸没于水中，能保持规定的试验温度及按照规定拉伸速度拉伸试件，且试验时无明显振动的延度仪均可使用，其形状及组成如图6-1所示。

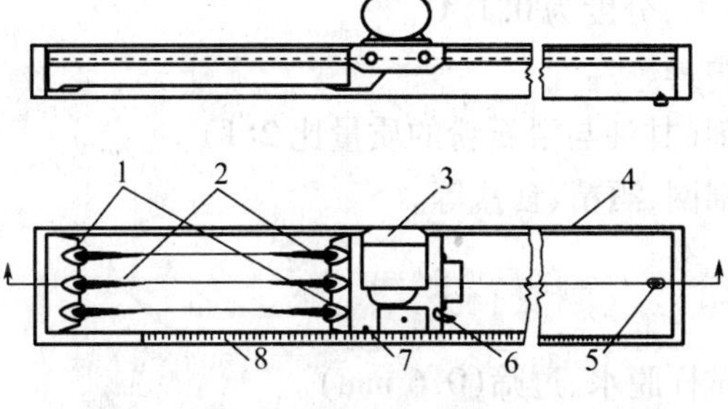

图6-1　延度仪(单位:mm)

1—试模;2—试样;3—电机;4—水槽;5—泄水孔;6 开关柄;7—指针;8—标尺

2. 试模:黄铜制,由两个端模和两个侧模组成,其形状及尺寸如图 6－2 所示。试模内侧表面粗糙度 $Ra0.2$ μm,当装配完好后可浇铸成表 6－3 尺寸的试样。

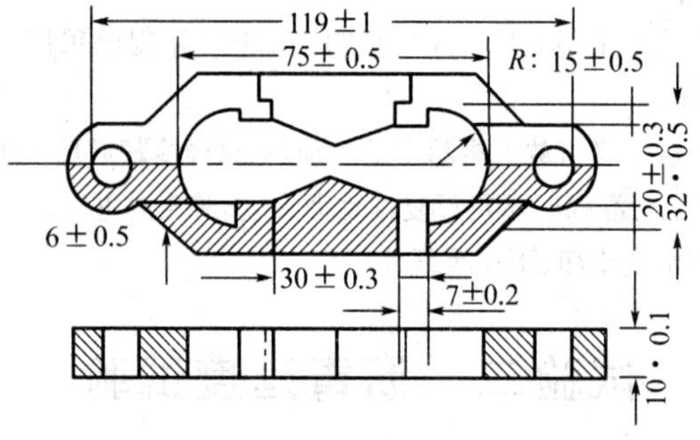

图 6－2　延度试模/mm

表 6－3　延度试样尺寸/mm

总长	74.5～75.5
中间缩颈部长度	29.7～30.3
端部开始缩颈处宽度	19.7～20.3
最小横断面宽	9.9～10.1
厚度(全部)	9.9～10.1

3. 试模底板:玻璃板或磨光的铜板、不锈钢板(表面粗糙度 $Ra0.2$ μm)。

4. 恒温水槽:容量不少于 10 L,控制温度的准确度为 0.1 ℃,水槽中应设有带孔搁架,搁架距水槽底不得少于 50 mm。试件浸入水中深度不小于 100 mm。

5. 温度计:0 ℃～50 ℃,分度为 0.1 ℃。

6. 砂浴或其他加热炉具。

7. 甘油滑石粉隔离剂(甘油与滑石粉的质量比 2∶1)。

8. 其他:平刮刀、石棉网、酒精、食盐等。

四、试验准备

1. 按规定的方法将试样脱水、过筛(0.6 mm)。

2. 将隔离剂拌和均匀,涂于清洁干燥的玻璃板和两个侧模的内侧表面,并将试模在玻璃板上装好。

3. 将准备好的沥青试样仔细地自试模的一端至另一端往返数次缓缓注入模中，最后略高出试模，灌模时应注意勿使气泡混入。

4. 试件在室温中冷却30～40 min，然后置于规定试验温度±0.1 ℃的恒温水槽中，保持30 min后取出，用热刮刀刮除高出试模的沥青，使沥青面与试模面齐平。沥青的刮法应自试模的中间刮向两端，且表面应刮得平滑。将试模连同底板再浸入规定试验温度的水槽中1 h～1.5 h。

5. 检查延度仪延伸速度是否符合规定要求，然后移动滑板使其指针正对标尺的零点。将延度仪注水，并保温达试验温度±0.5 ℃。

五、试验步骤

1. 将保温后的试件连同底板移入延度仪的水槽中，然后将盛有试样的试模自玻璃板上取下，将试模两端的孔分别套在滑板及槽端固定板的金属柱上，并取下侧模。水面距试件表面应不小于25 mm。

2. 开动延度仪，并注意观察试样的延伸情况。此时应注意，在试验过程中，水温应始终保持在试验温度规定范围内，当水槽采用循环水时，应暂时中断循环，停止水流。

3. 试件拉断时，读取指针所指标尺上的读数，以cm表示，在正常情况下，试件延伸时应呈锥尖状，拉断时实际断面接近于零。如不能得到这种结果，则应在报告中注明。

六、试验计算结果整理

1. 同一试样，每次平行试验不少于三个，如三个测定结果均大于100 cm，试验结果记作“>100 cm”，特殊需要也可分别记录实测值。如三个测定结果中，有一个以上的测定值小于100 cm时，若最大值或最小值与平均值之差满足重复性试验精密度要求，则取三个测定结果的平均值的整数作为延度试验结果，若平均值大于100 cm，记作“>100 cm”；若最大值或最小值与平均值之差不符合重复性试验精密度要求时，试验应重新进行。

2. 精密度或允许差

当试验结果小于100 cm时，重复性试验的允许差为平均值的20%，复现性试验的允许差为平均值的30%。

七、试验记录表

试验记录表如表6－4所示。

表6－4　沥青延度试验记录

试样编号		试样来源	
试样名称		初拟用途	

表 6-4 （续）

试验温度 T_0/℃	延伸速度 v /(m/min)	延度 D/cm				拉伸情况描述
		试件 1	试件 2	试件 3	平均值	
准确度校核						

试验者＿＿＿＿＿＿计算者＿＿＿＿＿＿校核者＿＿＿＿＿＿试验日期＿＿＿＿＿＿

注:1. 涂隔离剂时一定不能涂于端模内侧。

2. 试验过程中,仪器不得有振动,水面不得有晃动。

3. 在试验中,如发现沥青细丝浮于水面或沉入槽底时,则应在水中加入酒精或食盐,调整水的密度至与试样相近后,重新试验。

试验三　沥青软化点试验

一、试验目的

沥青软化点是试样在规定尺寸的金属环内,上置规定直径和质量的钢球,放于水(或甘油)中,以 5 ±0.5 ℃/min 的速度加热,至钢球下沉到达规定距离时的温度,以℃表示。

二、适用范围

本方法适用于测定道路石油沥青、煤沥青的软化点,也适用于液体石油沥青经蒸馏或乳化沥青破乳蒸发后残留物的软化点。

三、仪器设备

1. 软化点试验仪:如图 6-3 所示,由下列部件组成。

(1)钢球:直径 9.53 mm,质量 3.5 ±0.05 g。

(2)试样环:由黄铜或不锈钢等制成,形状尺寸如图 6-4 所示。

(3)钢球定位环:黄铜或不锈钢制成,形状尺寸如图 6-5 所示。

(4)金属支架:由两个主杆和三层平行的金属板组成。上层为一圆盘,直径略大于烧杯直径,中间有一圆孔,用以插放温度计。中层板形状尺寸如图 6-6 所示,板上有两个孔,各放置金属环,中间有一小孔可支持温度计的测温端部。一侧立杆距环上面 51 mm 处刻有水高标记。环下面距下层底板为 25.4 mm,而下底板距烧杯底不少于 12.7 mm,也不得大于 19 mm。三层金属板和两个主杆由两螺母固定在一起。

(5)耐热玻璃烧杯:容量 800 ~100 mL,直径不小于 86 mm,高不小于 120 mm。

(6)温度计:0 ℃ ~80 ℃,分度为0.5 ℃。

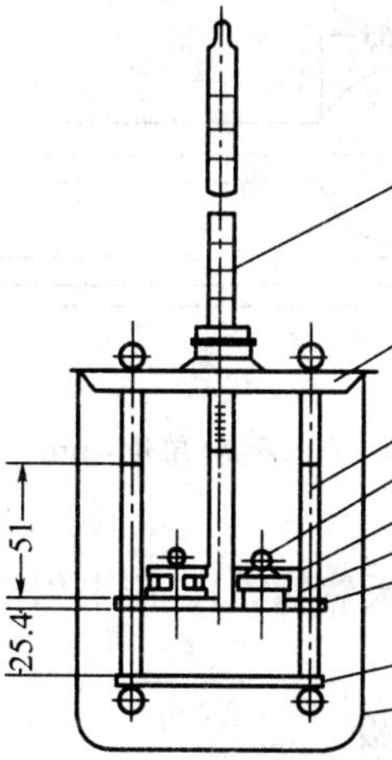

图6-3　软化点试验仪(单位:mm)

1—温度计;2—上盖板;3—立杆;4—钢球;
5—钢球定位环;6—金属环;7—中层板;8—下底板;9—烧杯

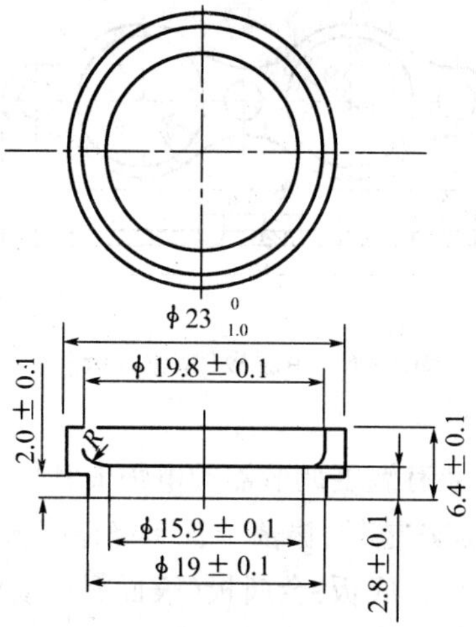

图6-4　试样环(单位:mm)

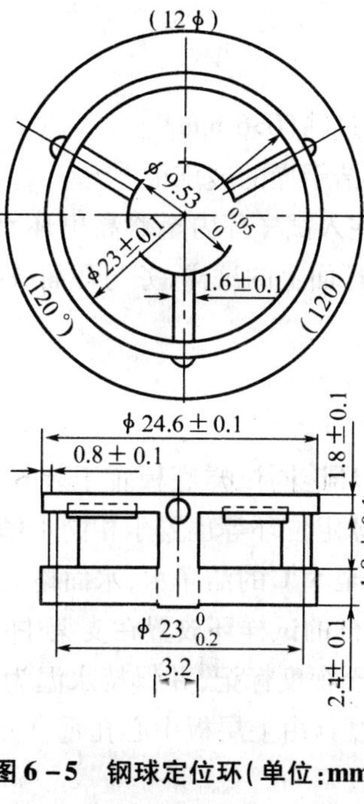

图6-5　钢球定位环(单位:mm)

2. 环夹:由薄钢条制成,用以夹持金属环,以便刮平表面,形状、尺寸如图 6-7 所示。

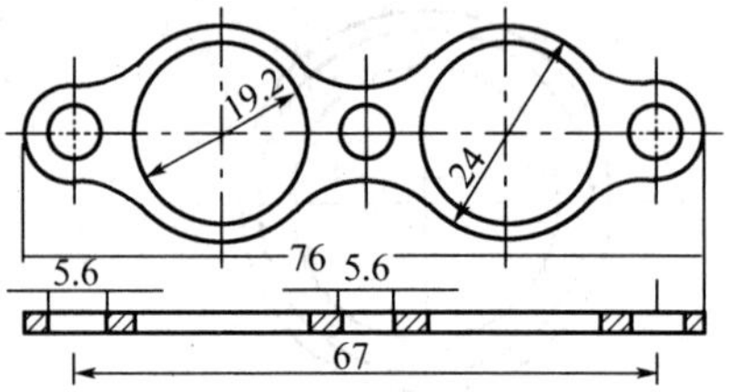

图 6-6 中层板(单位:mm)

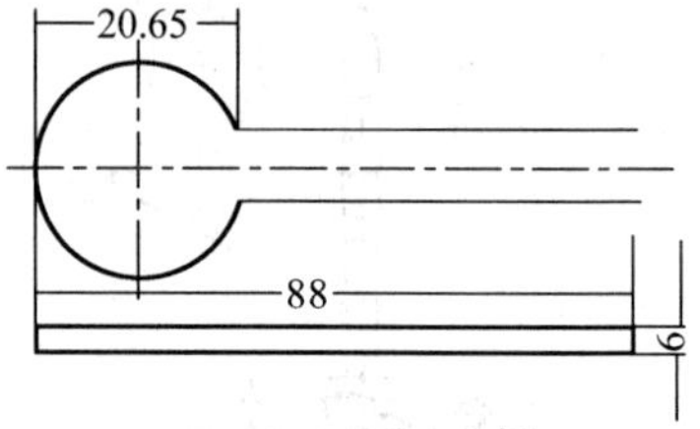

图 6-7 环夹(单位:mm)

3. 装有温度调节器的电炉或其他加热炉具(液化石油气、天然气等)。应采用带有振荡搅拌器的加热电炉,振荡子置于烧杯底部。

4. 试样底板:金属板(表面粗糙度应达 Ra0.8 μm)或玻璃板。

5. 恒温水槽:控温的准确度为 0.5℃。

6. 平直刮刀。

7. 甘油滑石粉隔离剂(甘油与滑石粉的比例为质量比 2∶1)。

8. 新煮沸过的蒸馏水。

9. 其他:石棉网。

四、试验准备

1. 按规定的方法将试样脱水、过筛(0.6 mm)。

2. 将隔离剂拌和均匀,涂于清洁干燥的玻璃板上。

3. 将准备好的沥青试样徐徐注入试样环内至略高出环面为止,在室温冷却 30 min 后,用环夹夹着试样环,并用热刮刀刮除环面上的试样,务与环面齐平。

五、试验步骤

1. 试样软化点在 80 ℃以下:

(1)试验前将装有试样的试样环连同试样底板置于装有 5 ±0.5 ℃水的恒温水槽中至少 15 min;同时将金属支架、钢球、钢球定位环等也置于相同水槽中。

(2)烧杯内注入新煮沸并冷却至 5 ℃的洁净水,水面略低于立杆上的深度标记。

(3)从恒温水槽中取出盛有试样的试样环放置在支架中层板的圆孔中,套上定位环;然后将整个环架放入烧杯中,调整水面至深度标记,并保持水温为 5 ±0.5 ℃。环架上任何部分不得附有气泡。将 0 ℃ ~80 ℃的温度计由上层板中心孔垂直插入,使端部测温头底部与试样环下面齐平。

(4)将盛有水和环架的烧杯移至放有石棉网的加热炉具上，然后将钢球放在定位环中间的试样中央，立即开动振荡搅拌器，使水微微振荡，并开始加热，使杯中水温在 3 min 内调节至维持每分钟上升 5 ±0.5 ℃。在加热过程中，应记录每分钟上升的温度值。

(5)试样受热软化逐渐下坠，至与下层底板表面接触时，立即读取温度，准确至 0.5 ℃。

2. 试样软化点在 80 ℃以上：

(1)将装有试样的试样环连同试样底板置于装有 32 ±1 ℃甘油的恒温槽中至少15 min；同时将金属支架、钢球、钢球定位环等也置于甘油中。

(2)在烧杯内注入预先加热至 32 ℃的甘油，其液面略低于立杆上的深度标记。

(3)从恒温槽中取出装有试样的试样环，按上述方法进行测定(液体为甘油)，准确至 1 ℃。

六、试验计算结果整理

1. 同一试样平行试验两次，当两次测定值的差值符合重复性试验精密度要求时，取其平均值作为软化点试验结果，准确至 0.5 ℃。

2. 精密度或允许差：

(1)当试样软化点小于 80 ℃时，重复性试验的允许差为 1℃，复现性试验的允许差为 4 ℃。

(2)当试样软化点等于或大于 80 ℃时，重复性试验的允许差为 2 ℃，复现性试验的允许差为 8 ℃。

七、试验记录表

试验记录表如表 6－5 所示。

表 6－5　沥青软化点试验

<table>
<tr><td colspan="3">试样编号</td><td colspan="8"></td><td colspan="4">试样来源</td><td colspan="7"></td></tr>
<tr><td colspan="3">试样名称</td><td colspan="8"></td><td colspan="4">初拟用途</td><td colspan="7"></td></tr>
<tr><td rowspan="2">试验次数</td><td rowspan="2">室内温度/℃</td><td rowspan="2">烧杯内液体种类</td><td rowspan="2">开始加热时间/s</td><td rowspan="2">开始加热液体温度/℃</td><td colspan="15">烧杯中液体在下列各分钟末温度上升记录/℃</td><td rowspan="2">试件下垂与下层底板接触时的温度/℃</td><td rowspan="2">软化点/℃</td></tr>
<tr><td>1</td><td>2</td><td>3</td><td>4</td><td>5</td><td>6</td><td>7</td><td>8</td><td>9</td><td>10</td><td>11</td><td>12</td><td>13</td><td>14</td><td>15</td></tr>
<tr><td>1</td><td></td><td></td><td></td><td></td><td colspan="15"></td><td></td><td rowspan="2"></td></tr>
<tr><td>2</td><td></td><td></td><td></td><td></td><td colspan="15"></td><td></td></tr>
<tr><td colspan="3">准确度校核</td><td colspan="19"></td></tr>
</table>

试验者＿＿＿＿＿＿计算者＿＿＿＿＿＿＿校核者＿＿＿＿＿＿试验日期＿＿＿＿＿＿

注：1. 试验前养护时，钢球、钢球定位环、金属支架等应与试样养护同环境、同时。

2. 在加热过程中，应记录每分钟上升的温度值，如温度上升速度超出 5 ±0.5 ℃时，则应重作试验。

第七章　沥青混合料试验

试验一　沥青混合料试件制作方法

击　实　法

一、试验目的与适用范围

1. 本方法适用于标准击实法或大型击实法制作沥青混合料试件，以供试验室进行沥青混合料物理力学性质试验使用。

2. 标准击实法适用于马歇尔试验、间接抗拉试验（劈裂法）等所使用的 ϕ101.6 mm × 63.5 mm圆柱体试件的成型。大型击实法适用于 ϕ152.4 mm × 95.3 mm 的大型圆柱体试件的成型。

3. 沥青混合料试件制作时的矿料规格及试件数量应符合如下规定。

（1）沥青混合料配合比设计及在试验室人员配制沥青混合料制作试件时，试件尺寸应符合试件直径不小于集料公称最大粒径的4倍，厚度不小于集料公称最大粒径的1～1.5倍的规定。对直径 ϕ101.6 mm 的试件，集料公称最大粒径应不大于26.5 mm。对粒径大于26.5 mm 的粗粒式沥青混合料，其大于26.5 mm 的集料应用等量的13.2～26.5 mm 集料代替（替代法），也可采用直径 ϕ152.4 mm 的大型圆柱体试件。大型圆柱体试件适用于集料公称最大粒径不大于37.5 mm 的情况。试验室成型的一组试件的数量不得少于4个，必要时宜增加至5～6个。

（2）用拌和厂及施工现场采集的拌和沥青混合料成品试样做直径 ϕ101.6 mm 的试件时，按下列规定选用不同的方法及试件数量：

①当集料公称最大粒径小于或等于26.5 mm 时，可直接取样（直接法）。一组试件的数量通常为4个。

②当集料公称最大粒径大于26.5 mm，但不大于31.5 mm，宜将大于26.5 mm 的集料筛除后使用（过筛法），一组试件数量仍为4个，如采用直接法，一组试件的数量应增加至6个。

③当集料公称最大粒径大于31.5 mm 时，必须采用过筛法。过筛的筛孔为26.5 mm，一组试件仍为4个。

二、仪器设备

1. 标准击实仪：由击实锤、ϕ98.5 mm 平圆形压实头及带手柄的导向棒组成。用人工或机械将压实锤举起，从 453.2 ± 1.5 mm 高度沿导向棒自由落下击实，标准击实锤质量为4 536 ±9 g。

大型击实仪：由击实锤、ϕ149.5 mm 平圆形压实头及带手柄的导向棒（直径 15.9 mm）组成。用机械将压实锤举起，从 453.2 ±2.5 mm 高度沿导向棒自由落下击实，大型击实锤质量 10 210 ±10 g。

2. 标准击实台：用以固定试模，在 200 mm × 200 mm × 457 mm 的硬木墩上面有一块 305 mm ×305 mm ×25 mm 的钢板，木墩用四根型钢固定在下面的水泥混凝土板上。木墩采用青冈栎、松或其他干密度为 0.67 ~0.77 g/cm^3 的硬木制成。人工击实或机械击实均必须有些标准击实台。

自动击实仪是将标准击实外向锤及标准击实台安装一体并用电力驱动使击实锤连续击实试件且可自动记数的设备，击实速度为 60 ±5 次/min。大型击实法电动击实的功率不小于 250 W。

3. 试验室用沥青混合料拌和机：能保证拌和温度并充分拌和均匀，可控制拌和时间，容量不小于 10 L，如图 7 - 1 所示。搅拌叶自转速度 70 r/min ~ 80 r/min，公转速度 40 r/min ~ 50 r/min。

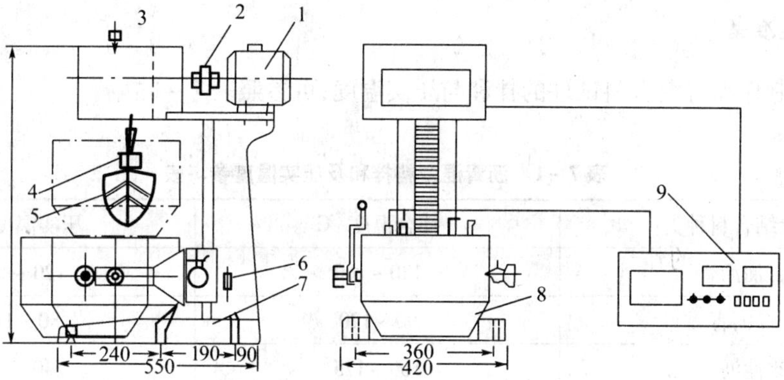

图 7 -1 试验室用沥青混合料拌和机

1—电机；2—联轴器；3—变速箱；4—弹簧；5—拌和叶片；
6—升降手柄；7—底座；8—加热拌和锅；9—温度时间控制仪

4. 脱模器：电动或手动，可无破损地推出圆柱体试件，备有标准圆柱体试件及大型圆柱体试验尺寸的推出环。

5. 试模：由高碳钢或工具钢制成，每组包括内径 101.6 ±0.2 mm，高 87 mm 的圆柱形金属筒、底座(直径约 120.6 mm)和套筒(内径101.6 mm、高 70 mm)各 1 个。

大型圆柱体试件的试模与套筒如图 7－2 所示。套筒外径 165.1 mm,内径 155.6 ±0.3 mm,总高 83 mm。试模内径 152.4 ±0.2 mm,总高 115 mm,底座板厚 12.7 mm,直径 172 mm。

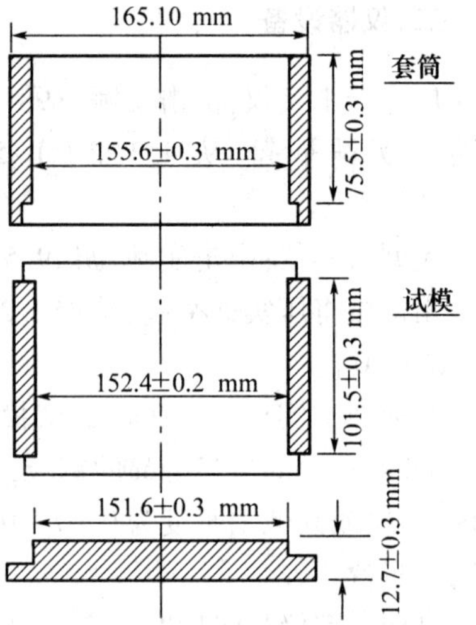

图 7－2 大型圆柱体试件的试模与套筒

6. 烘箱:大、中型各一台,装有温度调节器。

7. 天平或电子秤:用于称量矿料的,感量不大于 0.5 g;用于称量沥青的,感量不大于 0.1 g。

8. 沥青运动黏度测定设备:毛细管黏度计、赛波特重油黏度计或布洛克菲尔德黏度计。

9. 插刀或大螺丝刀。

10. 温度计:分度为 1 ℃。宜采用有金属插杆的热电偶沥青温度计,金属插杆的长度不小于 300 mm。量程 0 ℃ ~300 ℃,数字显示或度盘指针的分度 0.1 ℃,且有留置读数功能。

11. 其他:电炉或煤气炉、沥青熔化锅、拌和铲、标准筛、滤纸(或普通纸)、胶布、卡尺、秒表、粉笔、棉纱等。

三、试验准备

1. 确定制作沥青混合料试件的拌和与压实温度,可参照表 7－1 执行。

表 7－1 沥青混合料拌和及压实温度参考表

沥青结合料种类	拌合温度/℃	压实温度/℃
石油沥青	130 ~ 160	120 ~ 150
煤沥青	90 ~ 120	80 ~ 110
改性沥青	160 ~ 175	140 ~ 170

2. 按规定在拌和厂或施工现场采集沥青混合料试样。将试样置于烘箱中或加热的砂浴上保温。

3. 在试验室人工配制沥青混合料时,材料准备按下列步骤进行:

(1)将各种规格的矿料置于 105 ±5 ℃的烘箱中烘干至恒重(一般不少于 4 h ~6 h)。

(2)按规定的试验方法分别测定不同粒径规格粗、细集料和填料(矿粉)的各种密度,及沥青的密度。

(3)将烘干分级的粗细集料按每个试件设计级配要求称其质量,在一金属盘中混合均匀,矿粉单独加热,置烘箱中预热至沥青拌和温度以上约 15 ℃(采用石油沥青时通常为163 ℃,采用改性沥青时通常需 180 ℃)备用。一般按一组试件(每组 4 ~ 6 个)备料,但进行配合比设计时宜对每个试件分别备料。

(4)将采集的沥青试样用恒温烘箱或油浴、电热套熔化加热至规定的沥青混合料拌和温度备用,但不得超过 175 ℃。

(5)用沾有少许黄油的棉纱擦净试模、套筒及击实座等置 100 ℃左右烘箱中加热 1 h 备用。常温沥青混合料用试模不加热。

四、试验步骤

1. 拌制沥青混合料(黏稠石油沥青或煤沥青混合料)

(1)将沥青混合料拌和机预热至拌和温度以上 10 ℃左右备用。

(2)将每个试件预热的粗、细集料置于拌和机中,用小铲子适当混合,然后再加入需要数量的已加热至拌和温度的沥青(如沥青已称量在一专用容器内时,可在倒掉沥青后用一部分热矿粉将粘在容器壁上的沥青擦拭一起倒入拌和锅中),开动拌和机一边搅拌一边将拌和叶片插入混合料中拌和 1 ~ 1.5 min,然后暂停拌和,加入单独加热的矿粉,继续拌和至均匀为止,并使沥青混合料保持在要求的拌和温度范围内。标准的总拌和时间为 3 min。

2. 液体石油沥青混合料

将每组(或每个)试件的矿料置已加热至 55 ℃ ~ 100 ℃的沥青混合料拌和机中,注入要求数量的液体沥青,并将混合料边加热边拌和,使液体沥青中的溶剂挥发至 50 % 以下。拌和时间应事先试拌决定。

3. 乳化沥青混合料

将每个试件的粗细集料置于沥青混合料拌和机(不加热,也可用人工炒拌)中,注入计算的用水量(阴离子乳化沥青不加水)后,拌和均匀并使矿料表面完全湿润,再注入设计的沥青乳液用量,在 1 min 内使混合料拌匀,然后加入矿粉后迅速拌和,使混合料拌成褐色为止。

4. 成型方法

马歇尔标准击实法的成型步骤如下:

(1)将拌好的沥青混合料,均匀称取一个试件所需的用量(标准马歇尔试件约 1 200 g,大型马歇尔试件约 4 050 g)。当已知沥青混合料的密度时,可根据试件的标准尺寸计算并乘以 1.03 得到要求的混合料数量。当一次拌和几个试件时,宜将其倒入经预热的金属盘中,用小铲适当拌和均匀分成几份,分别取用。在试件制作过程中,为防止混合料温度下降,应连盘放在烘箱中保温。

(2)从烘箱中取出预热的试模及套筒,用粘有少许黄油的棉纱擦拭套筒、底座及击实锤底面,将试模装在底座上,垫一张圆形的吸油性小的纸,按四分法从四个方向用小铲将混合料铲入试模中,用插刀或大螺丝刀沿周边插捣 15 次,中间 10 次。插捣后将沥青混合料表面整平成凸圆弧面。

(3)插入温度计,至混合料中心附近,检查混合料温度。

(4)待混合料温度符合要求的压实温度后,将试模连同底座一起在击实台上固定,在装好的混合料上面垫一张吸油性小的圆纸,再将装有击实锤及导向棒的压实头插入试模中,然后开启电动机或人工将击实锤从 457 mm 的高度自由落下击实规定的次数(75、50 或 35 次)。

(5)试件击实一面后,取下套筒,将试模翻面,装上套筒,然后以同样的方法和次数击实另一面。

(6)试件击实结束后,立即用镊子取掉上下面的纸,用游标卡尺量取试件离试模上口的高度并由此计算试件高度,如高度不符合要求时,试件应作废,并按下式调整试件的混合料质量,以保证高度符合 63.5 ±1.3 mm(标准试件)或 95.3 ±2.5 mm(大型试件)的要求。

$$\text{调整后混合料质量}=\frac{\text{要求试件高度}\times\text{原用混合料质量}}{\text{所得试件的高度}}$$

5. 卸去套筒和底座,将装有试件的试模横向放置冷却至室温后(不少于 12 h),置脱模机上脱出试件。

6. 将试件仔细置于干燥洁净的平面上,供试验用。

五、试验记录表

试验记录表如表 7-2 所示。

表 7-2 沥青混合料时间制作试验(击实法)记录表

<table>
<tr><td>试样编号</td><td colspan="2"></td><td>试样来源</td><td colspan="3"></td></tr>
<tr><td>试样名称</td><td colspan="2"></td><td>初拟用途</td><td colspan="3"></td></tr>
<tr><td rowspan="4">配合组成</td><td colspan="2">组成材料名称</td><td colspan="2">配合时所需质量/g</td><td colspan="2">配合比/%</td></tr>
<tr><td colspan="2"></td><td colspan="2"></td><td colspan="2"></td></tr>
<tr><td colspan="2"></td><td colspan="2"></td><td colspan="2"></td></tr>
<tr><td colspan="2"></td><td colspan="2"></td><td colspan="2"></td></tr>
<tr><td rowspan="2">试样编号</td><td rowspan="2">制备日期</td><td rowspan="2">成型温度 T/℃</td><td rowspan="2">成型压力 F_0/Pa</td><td colspan="2">试件尺寸</td><td rowspan="2">试件用途</td></tr>
<tr><td>高度 h</td><td>直径 d</td></tr>
</table>

表 7－2　（续）

试验者__________计算者__________校核者__________试验日期__________

注：1. 沥青称量方法采用减量法。

2. 对试验室试验研究、配合比设计及采用机械拌和施工的工程，严禁采用人工炒拌法热拌沥青混合料。

3. 对大型马歇尔试件，装模时混合料分两次加入，每次插捣次数同上。

4. 用于作现场马歇尔指标检验的试件，在施工质量检验过程中如急需试验，允许采用电风扇吹冷 1 h 或浸水冷却 3 min 以上的方法脱模，但浸水脱模法不能用于测量密度、空隙率等各项物理指标。

试验二　压实沥青混合料密度试验

表　干　法

一、试验目的与适用范围

1. 测定吸水率不大于 2% 的各种沥青混合料试件，包括Ⅰ型或较密实的Ⅱ型沥青混凝土、抗滑表层混合料、沥青玛蹄脂碎石混合料（SMA）试件的毛体积相对密度或毛体积密度。

2. 本方法测定的毛体积密度用于计算沥青混合料试件的空隙率、矿料间隙率等各项体积指标。

二、仪器设备

1. 浸水天平或电子秤：当最大称量在 3 kg 以下时，感量不大于 0.1 g；最大称量 3 kg 以上时，感量不大于 0.5 g；最大称量 10 kg 以上时，感量 5 g，应有测量水中重的挂钩。

2. 网篮。

3. 溢流水箱：如图 7－3 所示，使用洁净水，有水位溢流装置，保持试件和网篮浸入水中后的水位一定。

4. 试件悬吊装置：天平下方悬吊网篮及试件的装置，吊线应采用不吸水的细尼龙线绳，并有足够的长度。对轮碾成型机成型的板块状试件可用铁丝悬挂。

5. 秒表。

6. 毛巾。

7. 电风扇或烘箱。

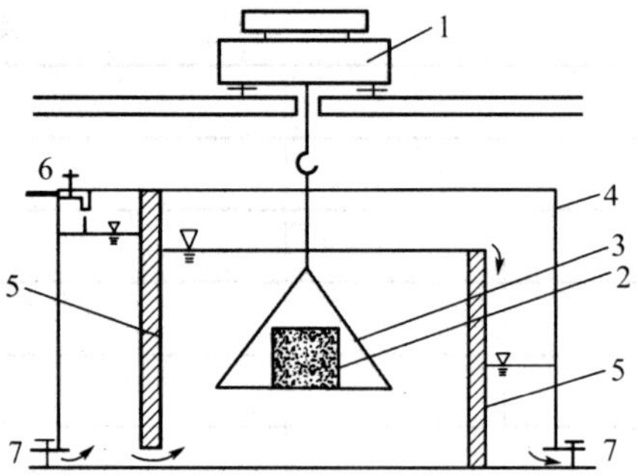

图 7－3 溢流水箱及下挂法水中重称量方法示意图

1—浸水天平或电子秤；2—试件；3—网篮；4—溢流水箱；5—水位搁板；6—注入口；7—放水阀门

三、试验步骤

1. 选择适宜的浸水天平或电子秤，最大称量应不小于试件质量的 1.25 倍，且不大于试件质量的 5 倍。

2. 除去试件表面的浮粒，称取干燥试件的空中质量（m_a），根据选择的天平的感量读数，准确至 0.1 g,0.5 g 或 5 g。

3. 挂上网篮，浸入溢流水箱中，调节水位，将天平调平或复零，把试件置于网篮中（注意不要晃动水）浸入水中约 3 ~ 5 min，称取试件水中质量（m_w）。

4. 从水中取出试件，用洁净柔软的拧干湿毛巾轻轻擦去试件的表面水（不得吸走空隙内的水），称取试件的表干质量（m_f）。

四、试验计算结果整理

1. 计算试件的吸水率，取 1 位小数。

试件的吸水率即试件吸水体积占沥青混合料毛体积的百分率，按式（7－1）计算：

$$S_a = \frac{m_f - m_a}{m_f - m_w} \times 100 \tag{7-1}$$

式中 S_a——试件的吸水率，%；

m_a——干燥试件的空中质量，g；

m_w——试件的水中质量，g；

m_f——试件的表干质量，g。

2. 计算试件的毛体积相对密度和毛体积密度，取 3 位小数。

当试件的吸水率符合 $S_a < 2\%$ 要求时，试件的毛体积相对密度和毛体积密度按式（7－2）及式（7－3）计算，当吸水率 $S_a > 2\%$ 要求时，应改用蜡封法测定。

$$\gamma_f = \frac{m_a}{m_f - m_w} \tag{7-2}$$

$$\rho_f = \frac{m_a}{m_f - m_w} \cdot \rho_w \tag{7-3}$$

式中 γ_f——用表干法测定的试件毛体积相对密度，无量纲；

ρ_f——用表干法测定的试件毛体积密度，g/cm^3；

ρ_w——常温水的密度，≈1 g/cm³。

3. 试件的空隙率按式(4)计算，取1位小数。

$$VV = \left(1 - \frac{\gamma_f}{\gamma_t}\right) \times 100 \tag{7-4}$$

式中　VV——试件的空隙率，%；

γ_f——试件的毛体积相对密度，无量纲；

γ_t——沥青混合料理论最大相对密度，无量纲。

4. 计算试件的理论最大相对密度或理论最大密度，取3位小数。

(1) 当已知试件的油石比时，试件的理论最大相对密度可按式(7-5)计算：

$$r_t = \frac{100 + p_a}{\frac{p_1}{\gamma_1} + \frac{p_2}{\gamma_2} + \cdots + \frac{p_n}{\gamma_n} + \frac{p_a}{\gamma_a}} \tag{7-5}$$

式中　γ_t——理论最大相对密度，无量纲；

p_a——油石比，%；

r_a——沥青的相对密度(25 ℃/25 ℃)；

$p_1 \cdots p_n$——各种矿料占矿料总质量的百分率，%；

$r_1 \cdots r_n$——各种矿料对水的相对密度。对粗集料，宜采用与沥青混合料同一种相对密度，即混合料采用表干法、蜡封法或体积法测定的毛体积相对密度时，粗集料也采用毛体积相对密度。当混合料采用水中重法测定的表观相对密度代替时，粗集料也采用表观相对密度；对细集料(砂、石屑)和矿粉均采用表观相对密度。矿料的相对密度按《公路工程集料试验规程》规定的方法测定。

(2) 当已知试件的沥青含量时，试件的理论最大相对密度按式(7-6)计算。

$$\gamma_t = \frac{100}{\frac{p'_1}{\gamma_1} + \frac{p'_2}{\gamma_2} + \cdots + \frac{p'_n}{\gamma_n} + \frac{p'_a}{\gamma_a}} \tag{7-6}$$

式中　$p'_1 \cdots p'_n$——各种矿料占沥青混合料总质量的百分率，%；

p_b——沥青含量，%。

(3) 试件的理论最大密度按式(7-7)计算：

$$\rho_t = \gamma_t \cdot \rho_w \tag{7-7}$$

式中　ρ_t——理论最大密度，g/cm³。

(4) 旧路面钻取芯样试样的混合料缺乏材料密度及配合比时，沥青混合料理论最大相对密度应采用本章沥青混合料理论最大相对密度试验中的真空法、溶剂法实测求得。

5. 试件中沥青的体积百分率可按式(7-8)或(7-9)计算，取1位小数。

$$VA = \frac{p_b \cdot \gamma_f}{\gamma_a} \tag{7-8}$$

$$VA = \frac{100 \times P_a \times \gamma_f}{(100 + P_a) \times \gamma_a} \tag{7-9}$$

式中 VA——沥青混合料试件的沥青体积百分率,%。

6. 试件中的矿料间隙率,可按式(7－10)或式(7－11)计算,式(7－10)适用于空隙率按计算的理论最大相对密度计算的情况;式(7－11)适用于空隙率按实测的理论最大相对密度计算的情况,取1位小数。

$$VMA = VA + VV \tag{7-10}$$

$$VMA = \left(1 - \frac{\gamma_f}{\gamma_{sb}} \cdot Ps\right) \times 100 \tag{7-11}$$

式中 VMA——沥青混合料试件的矿料间隙率,%;

Ps——沥青混合料中各种矿料占沥青混合料总质量的百分率之和,即 $\sum P'i$,%;

γ_{sb}——全部矿料对水的平均相对密度,按式(7－12)计算。

$$\gamma_{sb} = \frac{100}{\frac{p_1}{\gamma_1} + \frac{p_2}{\gamma_2} + \cdots + \frac{p_n}{\gamma_n}} \tag{7-12}$$

7. 试件的沥青饱和度按式(7－13)计算,取1位小数。

$$VFA = \frac{VA}{VA + VV} \times 100 \tag{7-13}$$

式中 VFA——沥青混合料试件的沥青饱和度/%。

8. 试件中的粗集料骨架间隙率可按式(7－14)计算,取1位小数。

$$VCA_{mix} = \left(1 - \frac{\gamma_f}{\gamma_{ca}} \cdot Pca\right) \times 100 \tag{7-14}$$

式中 VCA_{mix}——沥青混合料中粗集料骨架之外的体积(通常指小于4.75 mm的粗细集料、矿粉、沥青及空隙)占总体积的比例,%;

P_{ca}——沥青混合料中粗集料的比例(由 $P_{ca} = Ps \times PA4.75$ 计算,PA4.75为矿料级配中4.75 mm筛余量,即100减去4.75 mm通过率之差),%;

γ_{ca}——矿料中所有粗集料颗粒部分对水的合成毛体积相对密度,按式(7－15)计算。

$$\gamma_{ca} = \frac{P_{1c} + P_{2c} + P_{nc}}{\frac{P_{1c}}{\gamma_{1c}} + \frac{P_{2c}}{\gamma_{2c}} + \cdots + \frac{P_{nc}}{\gamma_{nc}}} \tag{7-15}$$

式中 $P_{1c} \cdots P_{nc}$——各种粗集料在矿料配合比中的比例,%;

$\gamma_{1c} \cdots \gamma_{nc}$——相应的各种粗集料对水的毛体积相对密度。

应在试验报告中注明沥青混合料的类型及采用的测定密度的方法。

五、试验记录表

试验记录表如表 7－3 所示。

表 7－3　压实沥青混合料密度试验记录表

试样编号	LH－3				试样来源	实验室配置				
试样名称	AC－20 沥青混凝土				初拟用途	沥青混合土路面				
混合料用途	路面	矿料品种				矿粉密度/(g/cm^3)				2.722
混合料类型	AC－20	粗集料表观密度/(g/cm^3)			2.777	沥青品种				石油沥青
混合料配比	51%:43%:6%	细集料表观密度/(g/cm^3)			2.772	沥青密度/(g/cm^3)				
试件编号	沥青用量 P_a/%	干燥质量 m_a/g	水中质量 m_w/g	表干质量 m_f/g	实测密度 ρ_f (g/cm^3)	理论密度 ρ_f' (g/cm^3)	沥青含量百分率	时间空隙率 VV	矿料间隙 VMA	沥青饱和度 VFA/%
1	4.00 %	1 198.6	658.0	1 200	2.217					
2	4.50 %	1 198.3	654.7	1 200	2.209					
3	5.00 %	1 198.1	655.0	1 200	2.211					
4	5.50 %	1 198.1	652.9	1 200	2.211					
5	6.00 %	1 197.7	651.4	1 200	2.210					

试验者＿＿＿＿＿＿计算者＿＿＿＿＿＿校核者＿＿＿＿＿＿试验日期＿＿＿＿＿＿

注：1. 若天平读数持续变化，不能很快达到稳定，说明试件吸水较严重，不适用于此法测定，应改用蜡封法测定。

2. 对从路上钻取的非干燥试件可先取水中质量(m_w)，然后用电风扇将试件吹干至恒重(一般不少于 12 h，当不需要进行其他试验时，也可用 60±5 ℃烘箱烘干至恒重)，再称取空中质量(m_a)。

3. 旧路面钻取芯样试样的混合料缺乏材料密度及配合比时，沥青混合料理论最大相对密度应采用真空法或溶剂法求得。

4. 应在试验报告中注明沥青混合料的类型及采用的测定密度的方法。

试验三　沥青混合料马歇尔稳定度及浸水马歇尔试验

一、试验目的与适用范围

1. 本方法适用于马歇尔稳定度试验和浸水马歇尔稳定度试验，以进行沥青混合料的配合比设计或沥青路面施工质量检验。浸水马歇尔稳定试验（根据需要，也可进行真空饱水马歇尔试验）供检验沥青混合料受水损害时抵抗剥落的能力时使用，通过测试其水稳定性检验配合比设计的可行性。

2. 本方法适用按规范规定成型的标准马歇尔试件圆柱体和大型马歇尔试件圆柱体。

二、仪器设备

1. 沥青混合料马歇尔试验仪：符合国家标准《沥青混合料马歇尔试验仪》（GB/T 11823）技术要求的产品，对用于高速公路和一级公路的沥青混合料宜采用自动马歇尔试验仪，用计算机或 X－Y 记录仪记录荷载－位移曲线，并具有自动测定荷载与试件垂直变形的传感器、位移计，能自动显示或打印试验结果。对 ϕ63.5 mm 的标准马歇尔试件，试验仪最大荷载不小于 25 kN，读数准确度 100 N，加载速度应保持 50 ± 5 mm/min。钢球直径 16 mm，上下压头曲率半径为 50.8 mm。当采用 ϕ152.4mm 大型马歇尔试件时，试验仪最大荷载不得小于 50 kN，读数准确度为 100 N。上下压头的曲率内径为 152.4 ± 0.2 mm，上下压头间距 19.05 ± 0.1 mm。大型马歇尔试件的压头尺寸如图 7－4 所示。

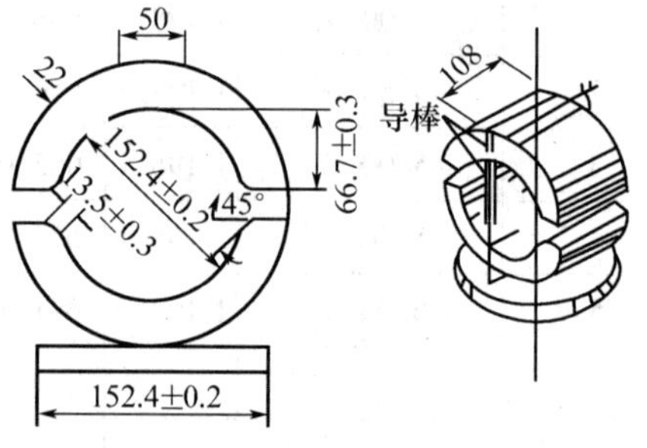

图 7－4 大型马歇尔试验的压头

（尺寸单位：mm）

2. 恒温水槽：控温准确度为 1 ℃，深度不小于 150 mm。

3. 真空饱水容器：包括真空泵及真空干燥器。

4. 烘箱。

5. 天平：感量不大于 0.1 g。

6. 温度计：分度为 1 ℃。

7. 卡尺。

8. 其他：棉纱，黄油。

三、试验准备与试验步骤

1. 标准马歇尔试验方法

(1) 试验准备

①按标准击实法成型马歇尔试件,其尺寸应符合直径 101.6 ±0.2 mm、高 63.5 ±1.3 mm 的要求。一组试件的数量最少不得少于 4 个,并符合规范规定。

②量测试件的直径及高度:用游标卡尺测量试件中部的直径,用马歇尔试件高度测定器或用游标卡尺在十字对称的 4 个方向量测离试件边缘 10 mm 处的高度,准确至 0.1 mm,并以其平均值作为试件的高度。

③按规范规定的方法测定试件的密度、计算试件空隙率、沥青体积百分率、沥青饱和度、矿料间隙率等物理指标。

④将恒温水槽调节至要求的试验温度,对黏稠石油沥青或烘箱养生过的乳化沥青混合料为 60 ±1 ℃,对煤沥青混合料为 33.8 ±1 ℃,对空气养生的乳化沥青或液体沥青混合料为25 ±1 ℃。

(2) 试验步骤

①将试件置于已达规定温度的恒温水槽中保温,保温时间对标准马歇尔试件需30 min ~ 40 min。试件之间应有间隔,底下应垫起,离容器底部不小于 5 cm。

②将马歇尔试验仪的上下压头放入水槽或烘箱中达到同样温度。将上下压头从水槽或烘箱中取出擦拭干净内面。为使上下压头滑动自如,可在下压头的导棒上涂少量黄油。再将试件取出置于下压头上,盖上上压头,然后装在加载设备上。

③在上压头的球座上放妥钢球,并对准荷载测定装置的压头。

④当采用自动马歇尔试验仪时,将自动马歇尔试验仪的压力传感器、位移传感器与计算机或 X – Y 记录仪正确连接,调整好计算机或将 X – Y 记录仪的记录笔对准原点。

⑤当采用压力环和流值计时,将流值计安装在导棒上,使导向套管轻轻地压住上压头,同时将流值计读数调零。调整压力环中百分表,对零。

⑥启动加载设备,使试件承受荷载,加载速度为 50 ±5 mm/min。计算机或 X – Y 记录仪自动记录传感器压力和试件变形曲线并将数据自动存入计算机。

⑦当试验荷载达到最大值的瞬间,取下流值计,同时读取压力环中百分表读数及流值计的流值读数。

⑧从恒温水槽中取出试件至测出最大荷载值的时间,不得超过 30 s。

2. 浸水马歇尔试验方法

浸水马歇尔试验方法与标准马歇尔试验方法的不同之处在于,试件在已达规定温度恒温水槽中的保温时间为 48 h,其余均与标准马歇尔试验方法相同。

3. 真空饱水马歇尔试验方法

试件先放入真空干燥器中，关闭进水胶管，开动真空泵，使干燥器的真空度达到98.3 kPa (730 mmHg)以上，维持15 min，然后打开进水胶管，靠负压进入冷水流使试件全部浸入水中，浸水15 min后恢复常压，取出试件再放入已达规定温度的恒温水槽中保温48 h，其余均与标准马歇尔试验方法相同。

四、试验计算结果整理

1. 试件的稳定度及流值

(1)当采用自动马歇尔试验仪时，将计算机采集的数据绘制成压力和试件变形曲线，或由X－Y记录仪自动记录的荷载－变形曲线，按图7－5所示的方法在切线方向延长曲线与横坐标相交于O_1，将O_1作为修正原点，从O_1起量取相应于荷载最大值时的变形作为流值(FL)，以mm计，准确至0.1 mm。最大荷载即为稳定度(MS)，以kN计，准确至0.01 kN。

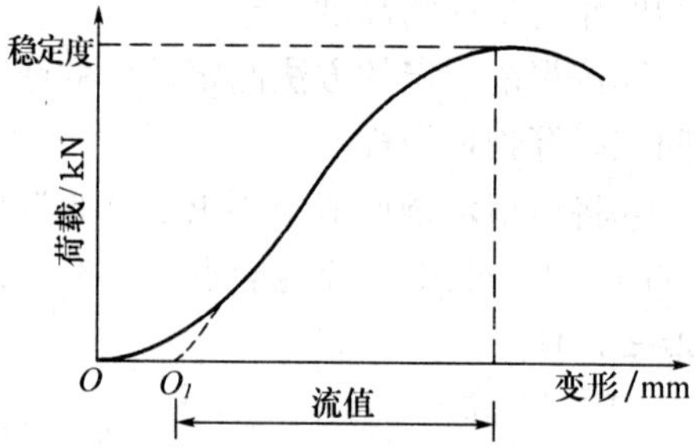

图7－5　马歇尔试验结果的修正方法

(2)采用压力环和流值计测定时，根据压力环标定曲线，将压力环中百分表的读数换算为荷载值，或者由荷载测定装置读取的最大值即为试样的稳定度，以kN计，准确至0.01 kN。由流值计及位移传感器测定装置读取的试件垂直变形，即为试件的流值，以mm计，准确至0.1 mm。

2，试件的马歇尔模数按式(7－16)计算：

$$T = \frac{MS}{FL} \tag{7-16}$$

式中　T——试件的马歇尔模数，kN/mm；

MS——试件的稳定度，kN；

FL——试件的流值，mm。

3. 试件的浸水残留稳定度按式(7－17)计算：

$$MS_0 = \frac{MS_1}{MS} \times 100 \tag{7-17}$$

式中　MS_0——试件的浸水残留稳定度，%；

MS_1——试件浸水48 h后的稳定度，kN。

4. 试件的真空饱水残留稳定度按式(7－18)计算：

$$MS'_0 = \frac{MS_2}{MS} \times 100 \tag{7-18}$$

式中　MS'_0——试件的真空饱水残留稳定度,%;

MS_2——试件真空饱水后浸水 48 h 后的稳定度,kN。

五、试验记录表

试验记录表如表 7－4 所示。

表 7－4　沥青混合料稳定度试验记录表

试样编号				试样来源			
试样名称				初拟用途			
试样编号	稳定度(kN)				流值 FL/mm	马歇尔模数 T	备注
	百分表读数	折算稳定度	修正系数 k (kN/100 mm)	稳定度 MS(kN)			

试验者＿＿＿＿＿计算者＿＿＿＿＿校核者＿＿＿＿＿试验日期＿＿＿＿＿

注:1. 如标准马歇尔试件高度不符合 63.5±1.3 mm 的要求或两侧高度差大于 2 mm 时,此试件应作废。

2. 从恒温水槽中取出试件至测出最大荷载值的时间,不得超过 30 s。

3. 当一组测定值中某个测定值与平均值之差大于标准差的 k 倍时,该测定值应予舍弃,并以其余测定值的平均值作为试验结果。当试件数目 n 为 3,4,5,6 个时,k 值分别为 1.15,1.46,1.67,1.82。

4. 采用自动马歇尔试验时,试验结果应附上荷载　变形曲线原件或自动打印结果,并报告马歇尔稳定度、流值、马歇尔模数以及试件尺寸、试件的密度、空隙率、沥青用量、沥青体积百分率、沥青饱和度、矿料间隙率等各项物理指标。

试验四　沥青混合料中沥青含量试验

离心分离法

一、试验目的

本方法采用离心分离法测定黏稠石油沥青拌制的沥青混合料中沥青含量(或油石比)。

二、适用范围

本方法适用于热拌热铺沥青混合料路面施工时的沥青用量检测,以评定拌和厂产品质量。此法也适用于旧路调查时检测沥青混合料的沥青用量,用此法抽提的沥青溶液可用于回收沥青,以评定沥青的老化性质。

三、仪器设备

1. 离心抽提仪:由试样容器及转速不小于 3 000 r/min 的离心分离器组成,分离器备有滤液出口。容器盖与容器之间用耐油的圆环形滤纸密封。滤液通过滤纸排出后从出口流出收入回收瓶中,仪器必须安放稳固并有排风装置。
2. 圆环形滤纸。
3. 回收瓶:容量 1 700 mL 以上。
4. 压力过滤装置。
5. 天平:感量不大于 0.01 g,1 mg 的天平各一台。
6. 量筒:最小分度 1 mL。
7. 电烘箱:装有温度自动调节器。
8. 三氯乙烯:工业用。
9. 碳酸铵饱和溶液:供燃烧法测定滤纸中的矿粉含量用。
10. 其他:小铲、金属盘、大烧杯等。

四、试验准备

1. 按沥青混合料取样方法,在拌和厂从运料卡车采取沥青混合料试样,放在金属盘中适当拌和,待温度稍下降至 100 ℃以下时,用大烧杯取混合料试样质量 1 000 ~ 1 500 g(粗粒式沥青混合料用高限,细粒式用低限,中粒式用中限),准确至 0.1 g。
2. 如果试样是路上用钻机法或切割法取得的,应用电风扇吹风使其完全干燥,置微波炉或烘箱中适当加热后呈松散状态取样，但不得用锤击以防集料破碎。

五、试验步骤

1. 向装有试样的烧杯中注入三氯乙烯溶剂，将其浸没，浸泡 30 min，用玻璃棒适当搅动混合料，使沥青充分溶解。

2. 将混合料及溶液倒入离心分离器，用少量溶剂将烧杯及玻璃棒上的黏附物全部洗入分离容器中。

3. 称取洁净的圆环形滤纸质量，准确至 0.01 g。注意，滤纸不宜多次反复使用，有破损者不能使用，有石粉黏附时应用毛刷清除干净。

4. 将滤纸垫在分离器边缘上，加盖紧固，在分离器出口处放上回收瓶，上口应注意密封，防止流出液呈雾状散失。

5. 开动离心机，转速逐渐增至 3 000 r/min，沥青溶液通过排出口注入回收瓶中，待流出停止后停机。

6. 从上盖的孔中加入新溶剂，数量大体相同，稍停 3 ~5 min 后，重复上述操作，如此数次直到流出的抽提液呈清澈的淡黄色为止。

7. 卸下上盖，取下圆环形滤纸，在通风橱或室内空气中蒸发干燥，然后放入105 ±5 ℃的烘箱中干燥，称取质量，其增量部分（M_2）为矿粉的一部分。

8. 将容器中的集料仔细取出，在通风橱或室内空气中蒸发后放入 105 ±5 ℃烘箱中烘干（一般需 4 h），然后放入大干燥器中冷却至室温，称取集料质量（M_1）。

9. 用压力过滤器过滤回收瓶中的沥青溶液，由滤纸的增量（M_3）得出泄漏人滤液中矿粉，如无压力过滤器时，也可用燃烧法测定。

10. 用燃烧法测定抽提液中矿粉质量的步骤如下：

（1）将回收瓶中的抽提液倒入量筒中，准确定量至 mL（Va）。

（2）充分搅匀抽提液，取出 10 mL（Vb）放入坩埚中，在热浴上适当加热使溶液试样呈暗黑色后，置高温炉（500 ℃ ~600 ℃）中烧成残渣，取出坩埚冷却。

（3）向坩埚中按每 1 g 残渣 5 mL 的用量比例，注入碳酸铵饱和溶液，静置 1 h，放入 105 ±5 ℃炉箱中干燥。

（4）取出放在干燥器中冷却，称取残渣质量（m_4），准确至 1 mg。

六、试验计算结果整理

1. 沥青混合料中矿料的总质量按式（7 -19）计算：

$$m_a = m_1 + m_2 + m_3 \tag{7-19}$$

式中　m_a——沥青混合料中矿料部分的总质量，g；

m_1——容器中留下的集料干燥质量，g；

m_2——圆环形滤纸在试验前后的增量，g；

m_3——泄漏入抽提液中的矿粉质量，g。

用燃烧法时可按式(7－20)计算：

$$m_3 = m_4 \cdot \frac{V_a}{V_b} \tag{7-20}$$

式中 V_a——抽提液的总量，mL；

V_b——取出的燃烧干燥的抽提液数量，mL；

m_4——坩埚中燃烧干燥的残渣质量，g。

2. 沥青混合料中的沥青含量按式(7－21)计算：

$$P_b = \frac{m - m_a}{m} \tag{7-21}$$

油石比按式(7－22)计算：

$$P_a = \frac{m - m_a}{m_a} \tag{7-22}$$

式中 m——沥青混合料的总质量，g；

P_b——沥青混合料的沥青含量，%；

P_a——沥青混合料的油石比，%。

七、试验记录表

同一沥青混合料试样至少平行试验两次，取平均值作为试验结果。两次试验结果的差值应小于0.3%，当大于0.3%但小于0.5%时，应补充平行试验一次，以三次试验的平均值作为试验结果，三次试验的最大值与最小值之差不得大于0.5%。

试验记录表如表7－5和表7－6所示。

表7－5 用压力过滤器过滤回收瓶中沥青溶液试验记录表

试样名称		沥青混合料总质量 m/g	
洁净滤纸质量/g		干燥后滤纸质量/g	
滤纸增量 m_1/g		干燥后集料质量 m_2/g	
滤液中矿粉 m_3/g		矿料总质量 $m_a = m_1 + m_2 + m_3$	
沥青含量 P_b/%	$P_b = \frac{m - m_a}{m}$		
油石比 P_a/%	$P_a = \frac{m - m_a}{m_a}$		

试验者________计算者________校核者________试验日期________

表 7-6　用燃烧法测定抽体液中矿粉质量试验记录表

试样名称		沥青混合料总质量 m/g	
洁净滤纸质量/g		干燥后滤纸质量/g	
滤纸增量 m_1/g		干燥后集料量 m_2/g	
抽提液总量 V_a/mL		取出抽提液数量 V_b/mL	
残渣质量/g m_4		抽提液中矿粉质量 $m_3 = m_4 \times V_a / V_b$	
矿料总质量　$m_a = m_1 + m_2 + m_3$			
沥青含量 P_b/%　　$P_b = \frac{m - m_a}{m}$			
油石比 P_a/%　　$P_a = \frac{m - m_a}{m_a}$			

试验者__________计算者__________校核者__________试验日期__________

试验五　沥青混合料车辙试验

一、试验目的与适用范围

1. 本方法适用于测定沥青混合料的高温抗车辙能力，供沥青混合料配合比设计的高温稳定性检验使用。

2. 车辙试验的试验温度与轮压可根据有关规定和需要选用，非经注明，试验温度为 60 ℃，轮压为 0.7 MPa。根据需要，如在寒冷地区也可采用 45 ℃，在高温条件下采用 70 ℃等，但应在报告中注明。计算动稳定度的时间原则上为试验开始后 45 ~ 60 min 之间。

3. 本方法适用于用轮碾成型机碾压成型的长 300 mm、宽 300 mm、厚 50 mm 的板块状试件，也适用于现场切割制作长 300 mm、宽 150 mm、厚 50 mm 板块状试件。根据需要，试件的厚度也可采用 40 mm。

二、仪器设备

1. 车辙试验机：示意图如图 7-6 所示，主要由下列部分组成。

(1) 试件台：可牢固地安装两种宽度（300 mm 及 150 mm）的规定尺寸试件的试模。

图 7-6　车辙试验机

(2)试验轮:橡胶制的实心轮胎,外径 ϕ 200 mm,轮宽 50 mm,橡胶层厚 15 mm。橡胶硬度(国际标准硬度)20 ℃时为 84 ±4,60 ℃时为 78 ±2。试验轮行走距离为 230 ± 10 mm,往返碾压速度为 42 ±1 次/min(21 次往返/min)。允许采用曲柄连杆驱动试验台运动(试验轮不移动)或链驱动试验轮运动(试验台不动)的任意一种方式。

(3)加载装置:使试验轮与试件的接触压强在 60 ℃时为 0.7 ±0.05 MPa,施加的总荷重为 78 kg 左右,根据需要可以调整。

(4)试模:钢板制成,由底板及侧板组成,试模内侧尺寸长为 300 mm,宽为 300 mm,厚为 50 mm(试验室制作),亦可固定 150 mm 宽的现场切制试件。

(5)变形测量装置:自动检测车辙变形并记录曲线的装置,通常用 LVDT、电测百分表或非接触位移计。

(6)温度检测装置:自动检测并记录试件表面及恒温室内温度的温度传感器、温度计,精密度 0.5 ℃。

2. 恒温室:车辙试验机必须整机安放在恒温室内,装有加热器、气流循环装置及自动温度控制设备,能保持恒温室温度 60 ±1 ℃(试件内部温度 60 ±0.5 ℃),根据需要亦可为其他需要的温度。用于保温试件并进行试验。温度应能自动连续记录。

3. 台秤:称量 15 kg,感量不大于 5 g。

三、试验准备

1. 试验轮接地压强测定:测定在 60 ℃时进行,在试验台上放置一块 50 mm 厚的钢板,其上铺一张毫米方格纸,上铺一张新的复写纸,以规定的 700 N 荷载后试验轮静压复写纸,即可在方格纸上得出轮压面积,并由此求得接地压强。当压强不符合 0.7 ±0.05 MPa,荷载应予适当调整。

2. 用轮碾成型法制作车辙试验试块。在试验室或工地制备成型的车辙试件,其标准尺寸为 300 mm × 300 mm × 50 mm,也可从路面切割得到 300 mm × 150 mm × 50 mm 的试件。当直接在拌和厂取拌和好的沥青混合料样品制作试件检验生产配合比设计或混合料生产质量时,必须将混合料装入保温桶中,在温度下降至成型温度之前迅速送达试验室制作试件,如果温度稍有不足,可放在烘箱中稍事加热(时间不超过 30 min)后使用。也可直接在现场用手动碾或压路机碾压成型试件,但不得将混合料放冷却后二次加热重塑制作试件。重塑制件的试验结果仅供参考,不得用于评定配合比设计检验是否合格使用。

3. 如需要,将试件脱膜按本规程规定的方法测定密度及空隙率等各项物理指标。如经水浸,应用电扇将其吹干,然后再装回原试模中。

4. 试件成型后,连同试模一起在常温条件下放置的时间不得少于 12 h。对聚合物改性沥青混合料,放置的时间以 48 h 为宜,使聚合物改性沥青充分固化后方可进行车辙试验,但室温放置时间也不得长于一周。

四、试验步骤

1. 将试件连同试模一起，置于已达到试验温度 60 ±1 ℃的恒温室中，保温不少于 5 h，也不得多于 24 h。在试件的试验轮不行走的部位上，粘贴一个热电偶温度计（也可在试件制作时预先将热电偶导线埋入试件一角），控制试件温度稳定在 60 ±0.5 ℃。

2. 将试件连同试模移置于轮辙试验机的试验台上，试验轮在试件的中央部位，其行走方向须与试件碾压或行车方向一致。开动车辙变形自动记录仪，然后启动试验机，使试验轮往返行走，时间约 1 h，或最大变形达到 25 mm 时为止，试验时，记录仪自动记录变形曲线（如图 7－7 所示）及试件温度。

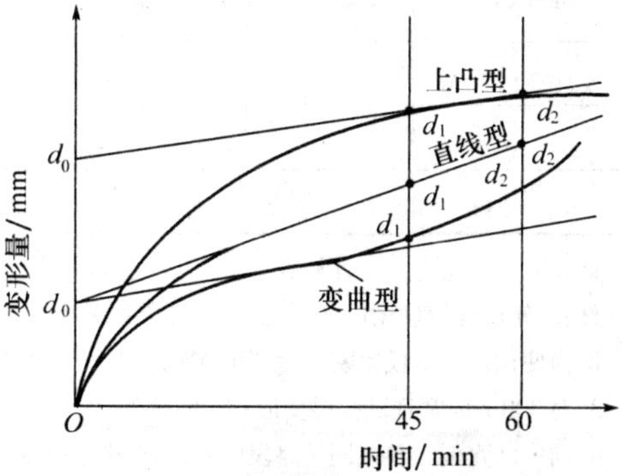

图 7－7　车辙试验自动记录的变形曲线

五、试验计算结果整理

1. 从图 7－7 上读取 45 min（t_1）及 60 min（t_2）时的车辙变形 d_1 及 d_2，准确至 0.01 mm。当变形过大，在未到 60 min 变形已达 25 mm 时，则以达到 25 mm（d_2）时的时间为 t_2，将其前 15 min为 t_1，此时的变形量为 d_1。

2. 沥青混合料试件的动稳定度按式（7－23）计算：

$$D_S = \frac{(t_2 - t_1) \cdot N}{d_2 - d_1} \cdot C_1 \cdot C_2 \tag{7-23}$$

式中　D_S——沥青混合料的动稳定度，次/mm；

d_1——对应于时间 t_1 的变形量，mm；

d_2——对应于时间 t_2 的变形量，mm；

C_1——试验机类型修正系数，曲柄连杆驱动试件的变速行走方式为 1.0，链驱动试验轮的等速方式为 1.5；

C_2——试件系数，试验室制备的宽 300 mm 的试件为 1.0，从路面切割的宽 150 mm 的试件为 0.8；

N——试验轮往返碾压速度，通常为 42 次/ min。

3. 精密度或允许差

重复性试验动稳定度变异系数的允许差为 20%。

六、试验记录表

试验记录表如表 7－7 所示。

表 7－7 车辙试验记录表

试样名称					试验温度			
试验接地压强					制作方法			
试件密度					空隙率			
试验次数	$t_{1\ \mathrm{min}}$	$d_{1\ \mathrm{min}}$	$t_{2\ \mathrm{min}}$	$d_{2\ \mathrm{min}}$	试验轮往返碾压次数 /(次/min)	C_1	C_2	动稳定度 *DS* /(次/min)

试验者__________计算者__________校核者__________试验日期__________

注：1. 轮胎橡胶硬度应注意检验，不符合要求者应及时更换。

2. 为使试件与试模紧密接触应记住四边的方向位置不变。

3. 对 300 mm 宽且试验时变形较小的试件，也可对一块试件在两侧 1/3 位置上进行两次试验取平均值。

4. 同一沥青混合料或同一路段的路面，至少平行试验三个试件，当三个试件动稳定度变异系数小于 20% 时，取其平均值作为试验结果。变异系数大于 20% 时应分析原因，并追加试验。如计算动稳定度值大于 6 000 次/mm 时，记作 >6 000 次/mm。

5. 试验报告应注明试验温度、试验轮接地压强、试件密度、空隙率及试件制作方法等。

第八章　建筑钢材试验

试验一　钢筋的拉伸试验

一、试验目的

测定钢材的抗拉强度、屈服强度等力学指标。

二、适用范围

适用于金属材料室温拉伸。但对于小横截面尺寸的金属产品，如金属箔、超细丝和毛细管等的拉伸试验需要协议。

三、仪器设备

1. 万能材料试验机。
2. 游标卡尺、引伸计。

四、试验准备与试验步骤

1. 试样的准备：在试样的中段取标距 $L_0 = 5\ d_0$。在标距的两端冲眼作为标志，在试样的标距范围内测量三处直径取三个尺寸中间最小值计算截面积 A_0，根据低碳钢的抗拉强度（一般在400 MPa）估计本次试验拉断试样所需的最大载荷，选择合适的测力范围。

2. 试验机的准备：估计最大载荷，选定测力表盘和重锤；调整指针对准零点；装好自动绘图装置并安装好试样。

3. 进行试验：慢速加载使测力指针缓慢均匀地转动。由自动绘图装置可以看到试样的受力与变形的关系（定性）（如图8－1所示）。

（1）弹性阶段。在 oa 段具有这样特性：在该段内若卸去载荷，则试样的变形可以全部恢复，故称该段为弹性阶段，此时的变形称为弹性变形。

在 oa 线段上的 oa' 部分为斜直线，说明只有在该段内应力与应变呈正比关系。由于 a 与 a' 非常靠近，故工程上比例极限与弹性极限不作区分。

（2）屈服阶段。当力超过 a 点到达 b 点时在图形上出现一条近似于水平线的波动线 bc，该段较长，这表明在力几乎不增加的情况下，其变形持续增加，材料暂时失去抵抗变形能力而屈服。故 bc 段称为屈服阶段，把下屈服点作为材料的屈服点，将在实验中指针来回摆动力的最小值作为材料的屈服载荷 P_s。

(3)强化阶段。从 c 点到 d 点 $P-L$ 曲线继续上升，这表明，如果想使试样持续变形必须增加拉力，这时材料又恢复了抵抗变形的能力，这种现象称为材料的强化。cd 段称为强化阶段，最高点所对应的力 P_b 除以 A_0 称为强度极限。

(4)颈缩阶段。过 d 点后，试样的某一局部明显变细形成颈缩现象，至此由于试样的截面尺寸变小，故所需的拉力降低直至试样拉断。

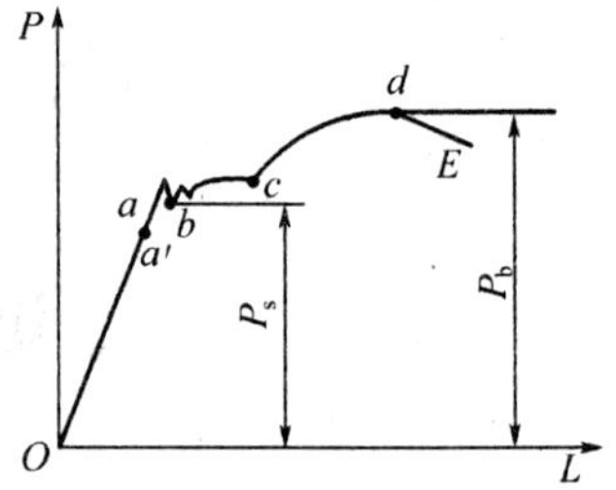

图 8－1 试样受力与变形的关系图

(5)延长率和断面收缩率。试样拉断后弹性变形消失，塑性变形残留。工程上用试样断裂后残留的塑性变形表示材料的塑性性能，其主要技术指标用伸长率和断面收缩率表示，这两项指标的数值越大说明材料的塑性性能越好。

四、试验计算结果整理

1. 屈服强度按式(8－1)计算：

$$\sigma_s = \frac{P_s}{A_0} \tag{8-1}$$

式中 σ_s——屈服强度，MPa；

P_s——屈服时的荷载，N；

A_0——试件原横截面面积，mm^2。

2. 抗拉强度按式(8－2)计算：

$$\sigma_b = \frac{P_b}{A_0} \tag{8-2}$$

式中 σ_b——屈服强度，MPa；

P_b——最大荷载，N；

A_0——试件原横截面面积，mm^2。

3. 伸长率按式(8－3)计算：

$$\delta = \frac{l_1 - l_0}{l_0} \times 100\% \tag{8-3}$$

式中 δ——分别表示 $l_0 = 10\ d_0$ 和 $l_0 = 5\ d_0$ 时的伸长率，%；

l_0——原始标距长度 10 d_0(或 5 d_0)，mm；

l_1——试件拉断后直接量出或按移位法确定的标距部分长度，mm。

五、试验记录表

试验记录表如表 8－1 所示。

表 8－1 钢筋拉伸试验记录表

试样编号		试样来源	
试样名称		初拟用途	

试验次数	试件尺寸							伸长率 δ_n /%	断面收缩率 ψ/%
	试样长度 l/mm	试样原标距部分长度 l_0/mm	试样原标距部分直径 d_0/mm	试样的原横截面积 A_0/mm^2	试样拉断后标距部分长度 l_1/mm	试样拉断后标距部分直径 d_1/mm	试样裂断处的横截面积 A_1 /mm^2		
①	②	③	④	⑤	⑥	⑦	⑧	⑨	⑩

试验次数	屈服点（有明显屈服现象）				引伸计法							抗拉强度	
	屈服负荷 F_s/N		屈服点 $f_{y(0.2)}$ /MPa	图解法								试件拉断时指针读数/N	抗拉强度 /MPa
	由指针读数确定	由拉伸曲线确定		规定残余伸长应力荷载 $f_{0.2}$ /N	引伸计基础长度 l_e /mm	预期屈服强度 $f'_{y(0.2)}$ /MPa	初负荷 F_0 /N	条件零点 k （分格）	规定残余伸长	达规定残余伸长时负荷 $f_{y(0.2)}$ /MPa			
①	②	③	④	⑤	⑥	⑦	⑧	⑨	⑩	⑪		⑫	⑬

试验者________计算者________校核者________试验日期________

注：钢筋做拉伸试验的两根试样中，如其中一根试样的屈服点、抗拉强度、伸长率三个指标中，有一个指标不符合规定要求时，即为拉力试验不合格。应再取双倍数量的试样重新测定三个指标。在第二次拉伸试验中，如仍有一个指标不符合规定，不论这个指标在第一次试验中是否合格，拉力试验项目也作为不合格，该批钢筋即为不合格品。

试验二　钢筋的冷弯试验

一、试验目的

通过检验钢筋的工艺性能评定钢筋的质量。

二、适用范围

工程应用:在道路工程中该试验所得技术指标主要作为钢筋工程质量检验,为道路工程的设计、施工、监理提供原始数据,是道路工程质量检测的重要依据。

三、仪器设备

万能机:附有冷弯支座和弯心,支座和弯心顶端圆柱应有一定的硬度,以免受压变形。亦可采用特制冷弯试验机。

四、试验准备

1. 试验使用圆形、方形、矩形或多边形横截面的试样。试样表面不得有划痕和损伤。
2. 试样的宽度、厚度或直径应按相关产品的标准要求。
3. 直径或多边形横截面的内切圆直径不大于 50 mm 的产品,其试样横截面应为产品曲横截面。钢筋类的产品均以其全截面进行试验。
4. 试样的长度应根据试样的厚度和所使用的试验设备确定。

五、试验步骤

1. 试验一般在 10 ℃ ~ 35 ℃的室温范围内进行。对温度严格的试验,试验温度为 23 ± 5 ℃。
2. 试样弯曲规定弯曲角度的试验,应将试样放于两支辊或 V 形模具或两水平翻板上,试样轴线应与弯曲压头轴线垂直,弯曲压头在两支座之间的中点处对试样连续施加力使其弯曲,直至达到规定的弯曲角度。如不能直接达到规定的弯曲角度,应将试样置于两平行压板之间,连续施加力压其两端,使其进一步弯曲,直至达到规定的弯曲角度。
3. 试样弯曲 180°角至两臂相距为规定距离且相互平行的试验,如采用支辊式弯曲装置的方法时,应首先对试样进行弯曲(弯曲角度尽可能大),然后将试样置于两平行压板之间连续施加压力压其两端,使其进一步弯曲,直至两臂平行。试验时加或不加垫块都可以。采用翻板式弯曲装置的方法时,在不改变作用力方向的条件,弯曲直达到 180°角。
4. 试样弯曲至两臂直接接触的试验,应将试样进行初步弯曲(弯曲角度应尽可能大),然后将其置于两平行压板之间，连续施加力压其两端使进一步弯曲，直至两臂直接接触。

5. 可以采用虎钳式弯曲装置的方法进行弯曲试验。试样一端固定，绕弯心进行弯曲，直至达到规定的弯曲角度。

6. 弯曲试验时，应缓慢施加弯曲力。

六、试验计算结果整理

1. 按相关标准的要求评定弯曲试验结果。如未规定具体要求，弯曲试验后试样弯曲表面无肉眼可见裂纹应评定为合格。

2. 相关标准规定的弯曲角度认作为最小值，规定的弯曲半径作为最大值。

七、试验记录表

试验记录表如表 8-2 所示。

表 8-2　建筑钢材冷弯试验记录表

试样编号				试样来源			
试样名称				拟作用途			
试验次数	试件尺寸/mm			弯心直径 d/mm	跨度 L /mm	弯折角度 α /°	试验结果
	宽 b	厚 a	长 L				
1							
2							
3							

试验者________计算者________校核者________试验日期________

参 考 文 献

[1]中华人民共和国行业标准.公路工程技术规范(JTG D40 - 2002).北京:人民交通出版社,2003.

[2]中华人民共和国行业标准.公路工程水泥及水泥混凝土试验规程(JTG E30 - 2005).北京:人民交通出版社,2005.

[3]中华人民共和国交通行业标准.公路水泥混凝土路面设计规范(JTG D30 - 2002).北京:人民交通出版社,2003.

[4]中华人民共和国交通行业标准.公路水泥混凝土路面施工技术规范(JTJ F30 - 2003).北京:人民交通出版社,2003.

[5]中华人民共和国国家标准.混凝土外加剂应用技术规范(GB 50119 - 2003).北京:中国建筑工业出版社,2003.

[6]中华人民共和国行业标准.砌筑砂浆配合比设计规程(JGJ 98 - 2000).北京:中国建筑工业出版社,2000.

[7]中华人民共和国行业标准.公路沥青及沥青混合试验规程 (JTJ 052 - 2000).北京:人民交通出版社,2000.

[8]中华人民共和国行业标准.公路沥青路面施工技术规范 (JTG F40 - 2004).北京:人民交通出版社,2004.

[9]中华人民共和国国家标准.碳素结构钢(GB 700 - 88).北京:中国标准出版社:1988.

[10]中华人民共和国国家标准.桥梁用结构钢(GB/T 714 - 2000).北京:中国标准出版社,2000。

[11]中华人民共和国国家标准.低合金结构钢(GB 1591 - 94). 北京:中国标准出版社,1994.

[12]张旭.道路工程材料实训指导书[M].北京:中国电力出版社,2009.

[13]李上红.道路建筑材料[M].北京:机械工业出版社,2006.

[14]姜志清.道路建筑材料试验实训指导[M].北京:人民交通出版社,2006.

[15]姜志清.道路建筑材料[M].北京:人民交通出版社,2002.

[16]朱凯,吕大为.道路建筑材料[M].北京:人民交通出版社,2009.

[17]乔志琴.道路材料学习指导[M].北京:人民交通出版社,2006.

[18]李立寒.道路工程材料[M].北京:人民交通出版社,2010.

[19]贺晓红,孙重光.公路工程材料与管理[M].北京:人民交通出版社,2003.

[20]吕伟民.沥青混合料设计原理与方法[M].上海:同济大学出版社,2001.

[21]林立娟.道路建筑材料实训[M].北京:机械工业出版社,2006.
[22]陈晓明.道路材料[M].北京:人民交通出版社,2005.